rororo sport
Herausgegeben von Bernd Gottwald

Der Sport ist heute fester Bestandteil unserer Freizeitgesellschaft. Als Medienereignis zieht er Millionen Menschen in seinen Bann, als Wettkampfsport fasziniert er den engagierten Aktiven, als Gesundheits- und Fitness-Sport sorgt er für individuellen Ausgleich und Wohlbefinden, als Freizeitsport fördert er Geselligkeit und Kommunikation.

Die *rororo-Sportbücher* beschäftigen sich mit Themen aus allen Sportbereichen. Sie stellen Sportarten vor, geben praktische Tips zu Material und Ausrüstung, bieten Anleitungen zum Lernen und Lehren, zeigen fertige Trainingsprogramme und laden ein zur Beschäftigung mit sportwissenschaftlichen Disziplinen.

Training · Technik · Taktik

CLAUS BEISSNER
MANFRED BIROD

JUDO

Fotos von Horst Lichte

Rowohlt

SPORT rororo

Originalausgabe

Lektorat Burghard König
Umschlaggestaltung Jürgen Kaffer / Peter Wippermann
(Foto: Jean-Marc Loubat / Vandystadt – FOCUS)
Typographie Werner Rebhuhn / Layout Angelika Weinert
Veröffentlicht im Rowohlt Taschenbuch Verlag GmbH,
Reinbek bei Hamburg, Oktober 1977

Satz Times (Linotron 505 C)
Gesamtherstellung Clausen & Bosse, Leck
Printed in Germany
1280-ISBN 3 499 17012 4

40.–42. Tausend Januar 1988

Inhalt

Grundlagenwissen 9
Was ist Judo? 9
Herkunft 9
Zur Geschichte des Judosports in Deutschland und Europa 10
Ausrüstung und Kampfkleidung 11
Ausbildung 12
Regelkunde 14
Wettkampf 17
Graduierung und Gürtelprüfungen 19

Die Leistungsfaktoren im Judo 25
Training der körperlichen Fähigkeiten 26
Gewandtheit 29
Schnelligkeit 33
Kraft 34
Beweglichkeit 37
Ausdauer 37
Methoden der Belastung beim Training der körperlichen Fähigkeiten 39
Tests 41
Training der Charaktereigenschaften 43

Grundfertigkeiten 44
Grüßen 44
Körperhaltung 45

Körperbewegungen und Körperdrehungen 46
Faßart 47
Gleichgewichtbrechen 50
Fallübungen 51

Technisch-taktische Handlungen im Wettkampf 61

Techniken im Stand 65
Angriffshandlungen im Stand – Wurftechniken 65
Eindrehtechniken auf beiden Beinen 67
Eindrehtechniken auf einem Bein 79
Fußwürfe 86
Selbstfallwürfe 94
Angriffsformen mit Wurftechniken 98
Angriffshandlungen im Stand – Grifftechniken 99
Abwehrhandlungen im Stand – Verteidigung und Konter 102
Verteidigung 105
Direkte Konterwürfe 114
Indirekte Konterwürfe 117
Übergang vom Stand zur Bodenarbeit 122

Techniken am Boden 127
Haltegriffe 128
Armhebel 146
Würgegriffe 154
Verteidigungspositionen am Boden – Angriff und Konter 159

Technik- oder Fertigkeitstraining 177
Lernstufen beim Erlernen der Judotechniken 177
Methoden der Technikvermittlung 178
Die klassischen Methoden des Judostudiums 181
Methoden zur Festigung der Wurftechniken 181
Methoden zur Festigung der Bodentechniken 186

Wettkampf 187
Zur Strategie 187
Zur Taktik 189
Taktische Aspekte der Technikschulung 190
Wettkampfbeobachtung 192
Zur Psychologie des Judosports 193
Sportartspezifische Verletzungen 198
Gewichtsregulierung 199

Anhang 201
Wo lerne ich Judo? 201
Tabellen und Meisterschaften 202
Literaturhinweise 214
Über die Verfasser 215
Glossar 216
Sachregister 221

Grundlagenwissen

Was ist Judo?

Judo ist eine vielseitige Zweikampfsportart; zusammen mit Boxen, Fechten und Ringen zählt sie zu den Kampfsportarten. Erstmals 1964 und dann wieder seit 1972 ist Judo olympische Disziplin.
Das Wort *Judo* setzt sich zusammen aus den japanischen Begriffen *dju* (= edel, vornehm, sanft) und *do* (= Weg, Grundsatz, Prinzip). Der Begriff Judo ist also zu übersetzen mit «sanfter Weg».

Herkunft

Judo entwickelte sich aus der Disziplin Jiu-Jitsu, einer in Japan gepflegten Form der Selbstverteidigung. Deren genaue Herkunft liegt im dunklen; doch ist anzunehmen, daß diese Disziplin bereits vor dem 10. Jahrhundert ihren Weg von China nach Japan gefunden hat.
Seit dem 16. Jahrhundert wurde Jiu-Jitsu von der in Japan ansässigen Ritterkaste, den Samuraïs, für das Kriegshandwerk weiterentwickelt und dazu als Geheimwissenschaft innerhalb dieser Klasse gepflegt. Mit der Meiji-Restauration in der zweiten Hälfte des 19. Jahrhunderts verloren die Samurais ihre Bedeutung als staatsbeherrschende Kaste. Damit geriet auch das Jiu-Jitsu in Vergessenheit.
Dem deutschen Gelehrten Erwin Bälz, der an der Kaiserlichen Universität in Tokio lehrte, verdankt Japan die Rückbesinnung auf diese traditionsreiche Zweikampfdisziplin. Die Hinwendung der japanischen Jugend zu wissenschaftlicher Betätigung und die damit verbundene

einseitige geistige Belastung veranlaßten den der deutschen Turnbewegung verbundenen Professor, nach einem körperlichen Ausgleich für seine Studenten zu suchen. Bälz fand ihn im alten System des Jiu-Jitsu. Einer seiner Schüler, Jigoro Kano, entwickelte daraus die heutige Disziplin Judo. Er entfernte aus dem überkommenen Jiu-Jitsu die zunächst der Selbstverteidigung dienenden gefährlichen und schmerzhaften Techniken und verbesserte dafür die für einen sportlichen Zweikampf notwendigen Angriffs- und Verteidigungselemente.
Jigoro Kano wollte in seinem Judo nicht nur die Möglichkeit zur körperlichen Betätigung sehen; vielmehr betrachtete er diesen Sport auch als ein Erziehungssystem zur Ausbildung der Persönlichkeit auf der Grundlage des Zen-Buddhismus. Um seine Erziehungsideale zu verwirklichen, schuf Kano 1882 in Tokio den «Kodokan», die «Schule zum Studium des Weges». Diese Ausbildungsstätte für Judo ist bis zum heutigen Tage das Zentrum für die sportlichen und geistigen Grundlagen des Judo geblieben.

Zur Geschichte des Judosports in Deutschland und Europa

Der Berliner Erich Rahn gründete bereits 1906 die erste Jiu-Jitsu-Schule, nachdem er durch japanische Lehrer auf diese Selbstverteidigung aufmerksam gemacht worden war. Der erste Verein in Deutschland wurde 1922 durch Alfred Rhode in Frankfurt gegründet, nachdem der 1. Weltkrieg die Ausbreitung des Jiu-Jitsu in Deutschland gestoppt hatte. 1923 kam es zwischen den Mannschaften des 1. Deutschen Jiu-Jitsu-Clubs Frankfurt und des Polizei-Sportvereins Frankfurt zum ersten offiziellen sportlichen Vergleich; drei Jahre später wurden anläßlich der deutschen Kampfspiele in Köln die ersten deutschen Einzelmeisterschaften ausgetragen. 1934 schrieb man erstmals Europatitelkämpfe aus. Ausrichter war der 1. Dresdner Jiu-Jitsu-Club.
Nach dem 2. Weltkrieg waren Judo und Jiu-Jitsu bis 1948 durch die alliierten Besatzungsmächte verboten; später organisierten sich die Judoka in der Bundesrepublik Deutschland im deutschen Athleten-Bund. 1953 wurde in Hamburg ein eigenständiger Deutscher Judo-Bund gegründet, der 1956 vom Deutschen Sportbund als Dachorganisation aller deutschen Judoka anerkannt wurde.
1964 wird Judo vom Internationalen Olympischen Komitee als olympische Sportart zugelassen und noch im gleichen Jahr bei den 18. Olympischen Spielen in Tokio in das olympische Programm aufgenommen.
Seit 1956 werden auch Weltmeisterschaften im Judo ausgetragen, zunächst in unregelmäßigen Abständen und lediglich in der offenen Kate-

gorie ohne Gewichtslimit. Seit 1965 richtet die Internationale Judo-Föderation diese Titelkämpfe in einem zweijährigen Rhythmus aus.
1970 wurden die Frauen im Judo gleichberechtigt; der deutsche Judo-Bund gestattete Frauen Kämpfe, nachdem er sie vorher auf Kata-Konkurrenzen verwiesen hatte. Noch im gleichen Jahr kommt es in Rüsselsheim zur ersten deutschen Frauenmeisterschaft im Judo. Fünf Jahre später leistet der Deutsche Judo-Bund erneut Pionierdienste für das Frauenjudo. In München richtet er die ersten Europameisterschaften aus, obwohl der größte Teil der Ostblockverbände noch abseits steht. Seit 1980 werden Weltmeisterschaften für Frauen ausgetragen.
Der Mitgliederbestand im Deutschen Judo-Bund (DJB) ist inzwischen auf über 175000 angewachsen. Über die Hälfte davon sind Jugendliche.

Ausrüstung und Kampfkleidung

Der Judoka geht nicht einfach in einen Trainingsraum; er trainiert Judo in einem *Dojo* (= Ort zum Üben des Wegs). Dieses sogenannte *Dojo* ist ein Raum, der mit Matten, den *Tatami(s)*, ausgelegt ist.
Diese *Tatami(s)* bestanden früher aus einer Reisstrohfüllung, neuerdings aus einer harten Kunststoffeinlage und dienen dem Schutz vor Verletzungen bei Würfen und Stürzen auf die Bodenfläche. Diese Matten dürfen nicht zu weich sein; die Füße müssen noch einen sicheren Stand finden und dürfen nicht einsinken, um Verletzungen bei einer schnellen Drehung zu verhindern.
Die Kampfregeln sehen eine Mattenfläche von 9×9 bis 10×10 Metern vor mit einer sich außen anschließenden Sicherheitszone. Bei Jugend- und Schülerwettbewerben sind auch Kampfflächen von geringerer Größe zugelassen. – Während für die *Tatami(s)* der Verein oder die Schule sorgen, zählen zur persönlichen Ausrüstung eines Judoka der Kampfanzug und der Gürtel.

Der Kampfanzug (Judogi)
Der *Judogi* besteht aus zwei Teilen, einer Jacke und einer Hose, die beide aus einem reißfesten Baumwollstoff oder aus einem festen Baumwoll-Synthetik-Mischgewebe gefertigt sind. Je nach Größe und Qualität kostet ein solcher Kampfanzug im Fachhandel zwischen 35 und 80 Mark. Ein *Judogi* soll die Unterarme und die Unterschenkel mindestens bis zur Hälfte bedecken.
Der *Judogi* wird beim Training und im Kampf zusammengehalten von einem Gürtel in der Farbe des jeweiligen Rangs, der dem derzeitigen Ausbildungsstand entspricht. Der Anfänger trägt einen weißen, der

Meister einen schwarzen Gurt. Je dunkler die Gürtelfarbe, desto höher ist das technische Können eines Judoka.
Dieser Gürtel, der etwa vier Zentimeter breit sein muß, wird zweimal um die Hüfte geschlungen und in einem eckigen Knoten gebunden. Die Gürtelenden über dem Knoten müssen zwischen 20 und 30 Zentimeter betragen. – Gurtpreise sind je nach Länge zwischen sechs und acht Mark anzusetzen.
Judo wird barfuß betrieben. Aus hygienischen Gründen sollte zu einer Judoausrüstung außer den genannten unbedingt notwendigen Gegenständen Handtuch, Slipper und Trainingsanzug gehören. – Judo ist also ein billiger Sport, was die Ausrüstung anbelangt.

Ausbildung

Wer kann Judo betreiben?
Judo zählt zu den sogenannten Lifetime-Sportarten, sportliche Disziplinen also, die ein ganzes Leben lang betrieben werden können. Alfred Rhode beispielsweise, der deutsche Judo-Pionier und Gründer des ersten Judoclubs, steht mit seinen 80 Jahren noch gelegentlich auf der Matte, 70jährige Judoka sind nicht selten. Nur hat ein älterer Aktiver eine andere Motivation für seine sportliche Betätigung als ein junger Athlet.
Judo darf als ideale sportliche Betätigung gelten, weil diese Disziplin immer zum Zweck einer vielseitigen körperlichen Durchbildung und zur Gesunderhaltung betrieben wird, aber auch, weil Judo zur Herausbildung wertvoller Charaktereigenschaften besonders gut geeignet ist.
Als Wettkampfsport wird Judo selten über eine Dauer von mehr als zwanzig Jahren hinaus ausgeübt werden können. Auf der Höhe seiner Leistungskraft steht ein Athlet um das 26. Lebensjahr; doch auch im reiferen Alter erfüllt dieser Sport seinen Beitrag zur Charakterschulung und Persönlichkeitsbildung. Durch die sportliche Betätigung auf der Matte wird Judo dem älteren Menschen zu einem ausgeglichenen Temperament verhelfen. Hier steht dann nicht mehr das Wettkampfmoment im Vordergrund; vielmehr betreibt der ältere Judoka diesen Sport mit seinem vielseitigen Repertoire an Würfen und Techniken als eine Art Gymnastik mit Partner.
Judo ist für Frauen und Männer gleich gut geeignet, auch wenn Frauen durch das geschlechtsbedingte ungünstigere Kraft-Last-Moment bei der Ausübung von Judotechniken gegenüber den Männern benachteiligt sind. Die Erfahrungen haben gezeigt, daß sie dieses Handikap durch eine ästhetische und saubere Bewegungsführung bei der Ausführung dieser Techniken ausgleichen.

Obwohl in den Klubs und Schulen überall Kinderkurse angeboten werden, sollte nicht zu früh mit diesem Sport begonnen werden. Ein Judolehrer wird bei Kindern die ersten Jahre ohnehin als mehr spielerische Betätigung auf der Matte ausfüllen. Mit neun Jahren eröffnet der Deutsche Judo-Bund erste offizielle Wettkampfmöglichkeiten in der Schülerklasse.
Das beste Lernalter für die Vermittlung der Grobform der Bewegungen im Judo liegt zwischen dem 10. und dem 14. Lebensjahr; denn hier erfassen und lernen die Kinder Bewegungsabläufe am leichtesten. Neuere Forschungen, besonders in den Ostblock-Verbänden, haben ergeben, daß eine intensive Schulung am besten erst mit 13 oder 14 Jahren beginnen sollte. Dann sind diese Jugendlichen willig genug, auch ein Leistungstraining auf sich zu nehmen.
Wer zu früh mit diesem Hochleistungstraining beginnt, der läuft Gefahr, sich körperliche Schäden zuzuziehen.

Wo kann man Judo lernen?
Der Judointeressent steht vor der schwierigen Frage, wo er seinen Sport lernen und später betreiben soll. Es bieten sich Vereine, aber auch kommerziell betriebene Schulen an. Der Unterschied zwischen diesen beiden unterschiedlichen Organisationsformen liegt zunächst einmal in der Höhe des Beitrags.
Nun gibt es sowohl gute wie auch schlechte Klubs, aber auch Qualitätsunterschiede bei den Schulen.
Die als gemeinnützig eingestuften Vereine verlangen neben ihrem Klubbeitrag oft noch Sonderumlagen zur Deckung ihrer Kosten wie die Bezahlung eines Übungsleiters oder der Abzahlung einer Judomatte. Im Mittel liegen diese Beiträge für Kinder zwischen sieben und zehn, für Erwachsene zwischen zehn und fünfzehn Mark im Monat.
Dem Aufnahmestopp der Klubs, die der Nachfrage wegen mangelnder Trainingsplätze nicht mehr nachkommen konnten, verdanken die Judoschulen ihre Existenz. Diese sind kommerziell betriebene Unternehmen, denen oft ein Verein angegliedert ist, um den Interessenten über das Training hinaus auch einen Sportbetrieb unter Aufsicht des zuständigen Fachverbands bieten zu können.
Die Preise bei den Judoschulen bewegen sich je nach Alter und Konkurrenzlage zwischen 20 und 40 Mark im Monat. Dafür wird in der Regel zweimal wöchentlich eine Trainingsstunde und oft ein zusätzliches freies Training geboten. Schulen erbringen im Gegensatz zu Vereinen oft Sonderleistungen wie Sauna oder Gesellschaftsräume mit Barbetrieb.
Der Deutsche Judo-Bund bildet in Zusammenarbeit mit dem Deutschen Sportbund Übungsleiter für Judo und Judotrainer mit anerkann-

ten Lizenzen aus. Der Judointeressent sollte im Verein oder in der Schule nach diesen Lizenzträgern fragen und davon einen Eintritt abhängig machen, zumal Schulen in der Regel Verträge über ein ganzes Jahr abschließen. Der DJB vermittelt bei seinen Lehrgängen einen hohen Wissensstand. Damit ist die Gefähr für einen guten Judounterricht gegeben, die Gefahr einer ‹Geldschneiderei› entfällt somit.
Also – zunächst das Angebot eines Klubs oder einer Schule prüfen, unter Umständen Probelektionen vereinbaren und davon dann den Eintritt abhängig machen.

Regelkunde

Judo kann in keiner Weise seine fernöstliche Herkunft verleugnen. Sämtliche Kampfkommandos werden in japanischer Sprache von Mattenrichtern gegeben, die Judotechniken tragen japanische Bezeichnungen. Das erschwert zuweilen Außenstehenden das Verständnis.
Die Einigung auf die japanische Sprache hat aber den Vorteil, daß die Judoka auf der ganzen Welt unabhängig von der eigenen Zunge zu einer gemeinsamen Kommunikation finden und im Kampf immer wissen, was gemeint ist.
Sinn des Judo als Kampfsportart ist es, den Gegner in möglichst kurzer Zeit zu bezwingen. Der Athlet bedient sich dabei:
1. der *Wurftechniken* (*Nage-Waza*). Diese sind zu unterscheiden nach Würfen, bei denen der Angreifende seine Standposition behält, und nach Würfen, bei denen der Angreifer ebenfalls seinen Stand aufgibt und selbst mit in die Bodenlage gerät.
2. der *Bodentechniken*. Hier sind wiederum zu unterscheiden nach
- Festhaltegriffen (*Osae-Komi-Waza*),
- Würgegriffen (*Shime-Waza*),
- Armhebeln (*Kansetsu-Waza*).

Wertung
Ein Judokampf endet vorzeitig mit vollem Punkt (= *Ippon*), wenn die technische Ausführung eines Wurfs hundertprozentig hinsichtlich Form und Tempo den Definitionen dieser Technik entspricht. Der Wurf muß den Gegner mit Kraft und Schwung auf den Rücken bringen.
Ein Kampf endet weiter vorzeitig, wenn es einem Kämpfer gelingt, seinen Gegner in der vorgeschriebenen Weise mit einem Haltegriff 30 Sekunden am Boden zu halten, oder wenn er seinen Gegner nach einem Armhebel oder Würgegriff zur Aufgabe zwingt. Der Kampfrichter erklärt *Ippon*, indem er den Arm senkrecht über den Kopf hebt und *Ippon* ausruft.

Kommt es in einem Treffen zweier Judoka zu keinem *Ippon*, dann wird dieser Kampf durch die erzielten technischen Resultate entschieden. Hier sind nach deren Stärke zu unterscheiden:
Waza-Ari (Fastpunkt): Ein *Waza-Ari* wird erreicht, wenn die technische Ausführung eines Wurfs nach seiner Form und seinem Tempo die Vergabe eines vollen Punkts nicht gerechtfertigt erscheinen läßt. Die Wurftechnik ist fehlerhaft, wenn sie eines der Kriterien «mit Kraft und Schwung auf den Rücken» nicht erfüllt.
Waza-Ari wird weiter gegeben, wenn der Angreifer seinen Gegner mehr als 24 Sekunden, aber weniger als 30 Sekunden in der vorgeschriebenen Weise am Boden festhalten kann.
Der Kampfrichter verkündet *Waza-Ari*, indem er einen Arm hebt, ihn in Schulterhöhe mit den Handflächen nach unten von sich streckt und *Waza-Ari* ausruft.
Zwei *Waza-Ari* ergeben *Ippon*; der Kampfrichter erklärt dann *Waza-Ari Awazete Ippon*; (Fastpunkt; ergibt zusammen einen vollen Punkt). Er zeigt zunächst den zweiten *Waza-Ari* in der vorgeschriebenen Weise an, gibt dann das Handzeichen für *Ippon* und beendet den Kampf.
Das dem *Waza-Ari* nächst stärkste Resultat ist *Yuko* (großer Vorteil). Der Kampfrichter gibt *Yuko*, wenn die technische Ausführung eines Wurfs hinsichtlich Form und Tempo einen *Waza-Ari* nicht rechtfertigt, also wenn eines der Kriterien «mit Kraft und Schwung auf den Rücken» nicht gegeben ist.
Yuko wird ferner verkündet, wenn der Angreifer seinen Gegner länger als 19, aber weniger als 25 Sekunden in der vorgeschriebenen Weise am Boden festhalten kann.
Der Kampfrichter zeigt *Yuko* an, indem er einen Arm seitwärts nach unten in einem Winkel von 45 Grad zum Körper hebt.
Die schwächste Wertung im Judo stellt *Koka* (kleiner Vorteil) dar. *Koka* wird gegeben, wenn die technische Ausführung eines Wurfs hinsichtlich Form und Tempo die höhere Wertung *Yuko* nicht rechtfertigt oder wenn der Angreifer seinen Gegner in der vorgeschriebenen Weise zwischen 10 und 19 Sekunden in der Bodenlage halten kann.
Der Kampfrichter verkündet *Koka*, indem er einen Arm gebeugt und den Daumen in Richtung Schulter und Ellbogen in Hüfthöhe hebt.

Kampfdauer
Die Kampfdauer beträgt bei den Senioren in der Regel zwischen fünf und sieben Minuten effektiver Kampfzeit. Das heißt, daß Unterbrechungen in der Kampfzeit nicht berücksichtigt werden. Die Frauen kämpfen zwischen vier und sechs Minuten. Wird kein *Ippon*-Resultat erzielt, ist der Kämpfer mit der größeren Anzahl höherer Wertungen Sieger (*Yusei Gachi*). Das heißt:

- Ein *Waza-Ari* gewinnt gegenüber jeder Zahl von *Yuko* und *Koka*; ein *Yuko* gewinnt gegenüber jeder Zahl von *Koka*.

Ist kein technisches Resultat während des Kampfs erreicht worden, dann bezeichnen Matten- und Außenrichter gemeinsam den Kämpfer, der nach ihrer Meinung gewonnen hat. Bei ausgeglichenen Vorteilen verkünden sie *Hikiwake* (unentschieden).

Kampffläche

Die Kampfläche besteht aus einer Matte von der Größe 14 bis 16 Metern im Quadrat, die unterteilt ist in Kampf- und Sicherheitsfläche. Die Kampffläche von der Größe neun bis zehn Metern im Quadrat wird begrenzt von einer einen Meter breiten roten Warnfläche, die Teil der Kampffläche ist. Sie zeigt dem Kämpfer an, daß er sich dem Mattenrand nähert. Judotechniken müssen innerhalb der Kampffläche begonnen werden, um damit ein technisches Resultat zu erzielen.

Kampfrichter und Kampfgericht

Ein Judokampf wird in der Regel von einem Matten- und zwei Außenrichtern geleitet. Allein der Mattenrichter trägt die Verantwortung für die Kampfesführung und die Wertung der Judotechniken. Die Außenrichter sind Assistenten des Mattenrichters außerhalb der Kampffläche. Das Kampfrichterteam wird unterstützt von einem Registrator, der auf einer Anzeigentafel die technischen Resultate und Bestrafungen für Kampfrichter, Kämpfer und Zuschauer sichtbar macht. Dieser Registrator ist zuständig für die Zeitmessung und gibt durch ein akustisches Signal auch das Zeichen für die Beendigung eines Kampfes nach Ablauf der Kampfzeit oder bei einem Haltegriff.

Bestrafungen

Der Mattenrichter kann bei verbotenen Handlungen während eines Kampfs je nach der Schwere des Vergehens Bestrafungen aussprechen. Die Regeln sehen vor:

- *Shido* – der Gegner erhält dadurch einen *Koka*-Vorteil,
- *Chui* – der Gegner erhält dadurch einen *Yuko*-Vorteil,
- *Keikoku* – der Gegner erhält dadurch einen *Waza-Ari*-Vorteil.

Bei Verstößen gegen die Regeln sind Strafmaßnahmen zwingend vorgeschrieben, die einer den technischen Resultaten vergleichbaren Wertigkeit entsprechen.

Als härteste Strafe gilt die Disqualifikation (*Hansoku*), die den Kampf sofort beendet.

Kampfkommandos

Der Judoka sollte zunächst folgende japanische Kampfkommandos verstehen:

Hajime = kämpft, der Mattenrichter zeigt damit den Beginn des Kampfs an.
Mate = lösen, der Mattenrichter stoppt damit zeitweilig einen Kampf.
Ippon = voller Punkt, damit ist der Kampf beendet.
Waza-Ari = halber Punkt.
Yuko = große Wertung.
Koka = kleine Wertung.
Waza-Ari Awazete Ippon = zwei halbe Punkte ergeben einen vollen Punkt.
Osae-Komi = Haltegriff zählt, die Zeit beginnt zu laufen.
Osae-Komi-Toketa = der Haltegriff ist gelöst, er zählt nicht mehr.
Sore made = das ist alles, der Kampfrichter beendet damit den Kampf.

Wettkampf

Judo kennt Einzel- und Mannschaftskonkurrenzen, von seinem ursprünglichen Sinn her ist dieser Sport jedoch ein Einzelwettbewerb. Um eine größere Chancengleichheit zu gewährleisten, wird heute im Gegensatz zu früheren Jahren in Gewichtsklassen und in einer offenen Klasse gekämpft. Diese sogenannte *Allkategorie* kennt keine Gewichtsbeschränkungen. Seit dem 1. Januar 1977 gelten für Männer bei den Senioren und Junioren folgende Gewichtsklassen:

bis 60 kg,
von 60 bis 65 kg,
von 65 bis 71 kg,
von 71 bis 78 kg,
von 78 bis 86 kg,
von 86 bis 95 kg und
über 95 kg.

Bei den Frauen haben folgende Gewichtsklassen internationale Gültigkeit:

bis 48 kg,
von 48 bis 52 kg,
von 52 bis 56 kg,
von 56 bis 61 kg,
von 61 bis 66 kg,
von 66 bis 72 kg und
über 72 kg.

Wettkampfsysteme
Im Judo gibt es eine Reihe von Wettkampfsystemen. Hier werden nur die gebräuchlichsten aufgezeigt.
1. Das *brasilianische K.-o.-System*: Es wurde erstmals bei den Weltmei-

sterschaften 1976 in Rio de Janeiro angewendet und danach benannt. Besonderheit ist: Eine Niederlage bedeutet nicht in jedem Fall auch das Ausscheiden aus der Konkurrenz. Die Kämpfer werden vor dem Wettbewerb in zwei Gruppen (*Pools*) ausgelost. Nach dem K.o.-System werden dann die *Pool*-Sieger ermittelt.
Die den Gruppensiegern im direkten Kampf unterlegenen Judoka dürfen in der Reihenfolge ihres Ausscheidens noch einmal gegeneinander antreten. Der in der ersten Runde Unterlegene trifft in der ‹Trostrunde› zunächst auf den Verlierer des zweiten Durchgangs, der Sieger daraus auf den Verlierer der dritten Runde und so fort.
Das Halbfinale im ‹brasilianischen System› bestreiten der Sieger aus der ersten Gruppe gegen den Trostrundengewinner des zweiten *Pools* und der Gewinner der zweiten Gruppe gegen den Trostrundensieger des ersten *Pools*. Die Sieger aus diesen beiden Vorschlußrundentreffen bestreiten dann den Endkampf.
2. das *modifizierte brasilianische K.-o.-System*: Ausgehend von dem Gedanken, daß ein Kämpfer nicht Gewinner eines Turniers werden kann, der vorher schon einen Kampf verloren hat, wird das ‹brasilianische System› zunächst in der erörterten Form durchgeführt. Das Halbfinale der Trostrundengewinner mit den *Pool*-Siegern entfällt jedoch. Die bislang unbezwungenen *Pool*-Gewinner bestreiten das Finale, die Sieger der beiden Trostrunden belegen gemeinsam den dritten Platz. Nach diesem System wurde das olympische Turnier in Montreal durchgeführt; es ist inzwischen umstritten. Um mehr Gerechtigkeit auch in dieses System zu bringen, ist in einer Variation der Kreis der Trostrunden-Teilnehmer weiter vergrößert worden. Eine zweite Chance erhält jeder Athlet, der gegen einen der am Pool-Finale beteiligten Judoka unterlegen war. Das Kampfsystem der Trostrunde – wie oben aufgeführt – verändert sich nicht.
3. Das *vorgepoolte K.-o.-System*: Grundgedanke ist, daß ein Kämpfer nicht nur wegen eines einzigen Kampfes an einem Wettkampf teilgenommen haben soll. Das *Pool*-System verschafft ihm ein größeres Betätigungsfeld. Hier werden die Athleten in mehreren *Pools* (Gruppen) ausgelost. In dieser Vorrunde kämpft zunächst jeder gegen jeden. Die beiden Erstplacierten jeden Pools kommen weiter und ermitteln dann mit dem modifizierten brasilianischen K.-o.-System den Sieger.
4. Das System *Jeder gegen jeden*: Bei geringerer Beteiligung an einem Turnier ist auch dieses System möglich. Bei gleicher Siegzahl zwischen zwei Konkurrenten gibt über die Schlußplacierung die bessere Unterbewertung den Ausschlag: Sieg durch *Ippon* zählt zehn, durch *Wazaari* sieben, durch *Yuko* fünf, durch *Koka* drei Punkte; ein Arbeitssieg ohne technische Vorteile ergibt einen Punkt.
5. Das *Doppel-K.-o.-System*: Jeder Verlierer erhält in der Trostrunde

nochmals die Chance, sich zu placieren. Er kann allerdings nur noch Dritter werden.
6. *K.-o.-System mit doppelter Hoffnungsrunde*: Es ist das zur Zeit gültige Wettkampfsystem des Deutschen Judo-Bunds. Es gibt vier Pools. Alle Kämpfer, die gegen den Poolsieger verloren haben, kämpfen in der Reihenfolge ihres Ausscheidens gegeneinander.

Mannschaftswettbewerb
Mannschaftswettbewerbe werden international ausgetragen nur bei Europameisterschaften, nicht bei Welttitelkämpfen und Olympischen Spielen.
Bei den Europameisterschaften besteht eine Mannschaft aus je einem Kämpfer in den sieben vorgegebenen Gewichtsklassen. Im Deutschen Judo-Bund ist die Zusammensetzung einer Kampfvertretung je nach Alter und Klassenzugehörigkeit unterschiedlich geregelt.

Graduierung und Gürtelprüfungen

Zu den Besonderheiten des Judo gehört, daß sich der Fortschritt in der Leistungsentwicklung nicht nur an den erzielten Erfolgen bei Meisterschaften ablesen läßt. Wettkampffähigkeit bleibt auf einen Zeitraum von einigen Jahren, manchmal auch Jahrzehnten beschränkt und endet irgendwann nach dem 30. Lebensjahr.
Jeder Judoka kann aber auch nach dieser Zeit seine Studien in dieser Kunst der Selbstverteidigung fortsetzen und weitere Erfolge erzielen. Kanos höchstes Ziel ist es, den Menschen durch Judo zu einem gereiften, ausgeglichenen, nicht im Widerspruch zum Leben stehenden Menschen zu machen. Dies steht aber selten im Zusammenhang mit der Zeit der größten sportlichen Erfolge. So kann man sich auch erklären, daß die Weltmeister im Judo keineswegs den höchsten Judorang besitzen.
Judoka werden zunächst in zwei große Gruppen unterteilt: Schüler und Meister, *Kyu*-Grade und *Dan*-Grade, bei den Japanern *Mudansha* und *Yudansha*. Die Gürtel der Schüler sind farbig und werden mit steigendem Rang dunkler; die Meister tragen schwarze Gürtel.

Mudansha = Schüler-(Kyu-)Grade

6. *Kyu* = weißer Gürtel	3. *Kyu* = grüner Gürtel
5. *Kyu* = gelber Gürtel	2. *Kyu* = blauer Gürtel
4. *Kyu* = orange Gürtel	1. *Kyu* = brauner Gürtel

Yudansha = Meister-(Dan-)Grade
1. *Dan* = schwarzer Gürtel
2. *Dan* = schwarzer Gürtel
3. *Dan* = schwarzer Gürtel

4. *Dan* = schwarzer Gürtel
5. *Dan* = schwarzer Gürtel
6. *Dan* = rot-weißer oder schwarzer Gürtel
7. *Dan* = rot-weißer oder schwarzer Gürtel
8. *Dan* = rot-weißer oder schwarzer Gürtel
9. *Dan* = roter oder schwarzer Gürtel
10. *Dan* = roter oder schwarzer Gürtel

Ein neuer Grad wird durch eine Prüfung erworben. In dieser Prüfung wird der Schwerpunkt auf die Demonstration der einzelnen Techniken gelegt. Für jeden neuen Gürtel müssen neue Techniken gezeigt werden. Dabei werden die Techniken in der Feinform verlangt, nicht jedoch eine wettkampfgemäße Ausführung oder Vorbereitung.
Neuerdings geht man von der traditionellen Reihenfolge der Techniken ab. Man orientiert sich jetzt in der Auswahl der vorzuführenden Techniken stärker an den Anforderungen des Wettkampfs.
Zwischen den einzelnen Prüfungen müssen bestimmte Wartezeiten eingehalten werden. Der braune Gürtel kann erst mit 14 Jahren erworben werden, der erste *Dan* mit 16 Jahren und der 6. *Dan* mit 36 Jahren. Prüfungen sind in Deutschland zur Zeit nur bis zum 6. *Dan* vorgesehen. Alle höheren Grade werden für besondere Verdienste oder außergewöhnliche Leistungen verliehen.

Prüfungsordnung für Judo-Kyu-Grade

Go-Kyu, 5. Kyu, Gelbgurt
1. Falltechnik (Ukemi)
a) Fallen seitwärts
b) Fallen rückwärts
c) Fallrolle vorwärts
2. Wurftechnik (Nage-Waza)
Demonstration von vier Wurftechniken nach eigener Wahl aus der Bewegung (Yakusoku-Geiko), z. B. aus der ersten Stufe der Gokyo.
3. Bodentechnik (Katame-Waza)
Demonstration von je einer Technik aus den vier Haltetechnikgruppen: Kesa-Gatame, Kami-Shiho-Gatame, Yoko-Shiho-Gatame, Tate-Shiho-Gatame.
4. Bewegungsaufgabe
Zwei verschiedene Wechsel von einem Haltegriff in einen anderen unter Ausnutzung von Ukes Befreiungsversuchen anwenden.

Yon-Kyu, 4. Kyu, Orangegurt
1. Falltechnik (Ukemi)
a) Fallen seitwärts (rechts und links)

b) Fallen rückwärts
c) Fallrolle vorwärts (rechts und links) mit Liegenbleiben
2. Wurftechnik (Nage-Waza)
Demonstration von acht Wurftechniken nach eigener Wahl aus der Bewegung (Yakusoku-Geiko). Es soll mindestens je eine Technik aus den Wurfgruppen Te-Waza, Ashi-Waza, Koshi-Waza, zum Beispiel aus der ersten und zweiten Stufe der Gokyo gezeigt werden.
3. Bodentechnik (Katame-Waza)
Demonstration von je einer Technik aus den Würgetechnikgruppen: Juji-Jime und Hadaka-Jime sowie den Hebeltechnikgruppen: Juji-Gatame und Ude-Garami.
4. Bewegungsaufgabe
Vier verschiedene Befreiungsmethoden aus Haltegriffen unter Ausnutzung der Bewegungen des Partners anwenden.
5. Übungskampf (Randori)
Ein Stand-Randori.

San-Kyu, 3. Kyu, Grüngurt
1. Falltechnik (Ukemi)
Fallen nach allen Seiten
2. Wurftechnik (Nage-Waza)
a) Demonstration von 12 Wurftechniken nach eigener Wahl aus der Bewegung (Yakusoku-Geiko). Davon sollen mindestens vier Techniken aus der dritten Stufe der Gokyo und eine Technik aus der Wurfgruppe Sutemi-Waza sein.
b) Es ist eine Wurfkombination sowie ein Wurf in zwei unterschiedlichen Ausführungen (z. B. Faßarten/Eingänge) vorzuführen.
3. Bodentechnik (Katame-Waza)
a) Demonstration von je zwei Techniken aus den vier Haltetechnikgruppen: Kesa-Gatame, Kami-Shiho-Gatame, Yoko-Shiho-Gatame, Tate-Shiho-Gatame.
b) Demonstration von je einer Technik aus den Würgetechnikgruppen: Okuri-Eri-Jime und Kata-Ha-Jime.
c) Demonstration von je einer Technik aus den Hebeltechnikgruppen: Ude-Gatame und Waki-Gatame.
4. Bewegungsaufgabe
Einen in Rücken- oder Seitenlage verteidigenden Partner mit zwei verschiedenen Methoden angreifen und die Angriffe erfolgreich mit je einer Bodentechnik beenden.
5. Übungskampf (Randori)
Ein Stand- und ein Bodenrandori.

Ni-Kyu, 2. Kyu, Blaugurt

1. Falltechnik (Ukemi)
Fallen nach allen Seiten in guter Technik, freier Fall nach einer Seite
2. Wurftechnik (Nage-Waza)
a) Demonstration von 16 Wurftechniken nach eigener Wahl aus der Bewegung (Yakusoku-Geiko). Davon sollen mindestens vier Techniken aus der vierten Stufe der Gokyo gezeigt werden.
b) Zwei Würfe sind beidseitig vorzuführen.
3. Bodentechnik (Katame-Waza)
a) Demonstration von je drei Techniken und Befreiungstechniken aus einer Haltetechnikgruppe nach eigener Wahl.
b) Demonstration von je einer Technik aus den Würgetechnikgruppen: Kata-Te-Jime und Ryo-Te-Jime.
c) Demonstration von je einer Technik aus den Hebeltechnikgruppen: Hara-Gatame und Kannuki-Gatame.
4. Bewegungsaufgabe
Einen in der Bank- oder Bauchlage verteidigenden Partner mit zwei verschiedenen Methoden angreifen und die Angriffe erfolgreich mit je einer Bodentechnik beenden.
5. Übungskampf (Randori)
Mindestens ein Stand- und ein Bodenrandori.

Ik-Kyu, 1. Kyu, Braungurt

1. Falltechnik (Ukemi)
Fallen nach allen Seiten in sehr guter Technik, freier Fall nach beiden Seiten.
2. Wurftechnik (Nage-Waza)
a) Demonstration von 20 Wurftechniken nach eigener Wahl aus der Bewegung (Yakusoku-Geiko). Davon sollen mindestens vier Techniken aus der fünften Stufe der Gokyo sein.
b) Zusätzlich sind zwei Wurfkombinationen vorzuführen.
3. Bodentechnik (Katame-Waza)
a) Demonstration von je drei Techniken und Befreiungstechniken aus zwei Haltetechnikgruppen nach eigener Wahl.
b) Demonstration von je zwei Techniken aus den Würgetechnikgruppen Juji-Jime und Kata-Ha-Jime sowie von einer Technik aus der Würgetechnikgruppe Ashi-Jime.
c) Demonstration von je zwei Techniken aus den Hebeltechnikgruppen Juji-Gatame und Ude-Garami sowie von einer Technik aus der Hebeltechnikgruppe Ashi-Gatame.
4. Bewegungsaufgabe
a) Zwei Übergänge vom Stand in die Bodenlage mit je einer Bodentechnik beenden.

b) Je eine Kombination vom Halten zum Würgen und vom Halten zum Hebeln ausführen.
5. Übungskampf (Randori)
Mindestens ein Stand- und ein Bodenrandori.

Sho-Dan, 1. Dan, Schwarzgurt
1. Vorkenntnisse
Beherrschung des technischen Programms für Kyu-Grade entsprechend den Prüfungsbestimmungen des Deutschen Dan-Kollegiums (Stichproben).
2. Wurftechnik (Nage-Waza)
a) Beherrschung aller Wurftechniken der Gokyo aus der Bewegung (Yakusoku-Geiko).
b) Fünf Wurftechniken nach eigener Wahl sind beidseitig aus der Bewegung (Yakusoku-Geiko) vorzuführen.
c) Demonstrieren von zwei Kontertechniken
3. Bodentechniken (Katame-Waza)
a) Demonstration aller in der Stoffsammlung aufgeführter Haltetechniken.
b) Demonstration von je zwei Techniken aus allen Würgetechnikgruppen.
c) Demonstration von je zwei Techniken aus allen Hebeltechnikgruppen.
4. Kata
Vorführen der Nage-No-Kata.

Gokyo-No-Kaisetsu (Erklärung in fünf Stufen)
1. Kyo

De-Ashi-Barai	Fußfegen
Hiza-Guruma	Knierad
Sasae-Tsuri-Komi-Ashi	Hebestütz-Fußhalten
Uki-Goshi	Hüftschwung
O-Soto-Gari	große Außensichel
O-Goshi	großer Hüftwurf
O-Uchi-Gari	große Innensichel
Seoi-Nage	Schulterwurf

2. Kyo

Ko-Soto-Gari	kleine Außensichel
Ko-Uchi-Gari	kleine Innensichel
Koshi-Guruma	Hüftrad
Tsuri-Komi-Goshi	Hebezug-Hüftwurf

Okuri-Ashi-Barai	Fußnachfegen
Tai-Otoshi	Körperwurf
Harai-Goshi	Hüftfegen
Uchi-Mata	innerer Schenkelwurf

3. Kyo

Ko-Soto-Gake	kleines Einhängen
Tsuri-Goshi	Hüftzug
Yoko-Otoshi	Seitfallzug
Ashi-Guruma	Beinrad
Hane-Goshi	Springhüftwurf
Harai-Tsuri-Komi-Ashi	Hebezug-Fußfegen
Tomoe-Nage	Kopfwurf
Kata-Guruma	Schulterrad

4. Kyo

Sumi-Gaeshi	Eckenwurf
Tani-Otoshi	Talfallzug
Hane-Maki-Komi	Springdrehwurf
Sukui-Nage	Schaufelwurf (auch *Te-Guruma* = Handrad)
Utsuri-Goshi	Wechselhüftwurf
O-Guruma	großes Rad
Soto-Maki-Komi	Außendrehwurf
Uki-Otoshi	Schwebehandzug

5. Kyo

O-Soto-Guruma	großes Außenrad
Uki-Waza	Rückfallzug
Yoko-Wakare	Seitenriß
Yoko-Guruma	Seitenrad
Ushiro-Goshi	Hüftgegenwurf
Ura-Nage	Rückwurf
Sumi-Otoshi	Eckenkippe
Yoko-Gake	Seitfallzug

Die Würfe werden in fünf Gruppen eingeteilt:

1. *Te-Waza*:	Schulter-, Hand- und Armwürfe
2. *Koshi-Waza*:	Hüftwürfe
3. *Ashi-Waza*:	Fuß- und Beinwürfe
4. *Ma-Sutemi-Waza*:	Würfe durch die gerade Rückenlage
5. *Yoko-Sutmi-Waza*:	Würfe durch die Seitenlage

Die Leistungsfaktoren im Judo

Die Wettkampfleistung im Judo ist von einer ganzen Reihe von Faktoren abhängig. Die wichtigsten sind:

- konditionelle Vorbereitung (körperliche Fähigkeiten)
- technische Vorbereitung (Fertigkeiten)
- taktische Vorbereitung
- psychische Vorbereitung

Zu diesen Faktoren oder Komponenten der Leistung kommt noch das individuelle Talent des Kämpfers.
Der Judoka trainiert mit dem Ziel, technisch-taktische Handlungen zu erlernen. Dies sind Wurf- oder Grifftechniken, die er im Wettkampf anwenden kann. Wichtig für ihn ist zu wissen, wann welche Technik zu wählen ist und wie sie der jeweiligen Kampfsituation entsprechend verändert werden kann und muß.
Voraussetzungen zum Erlernen und Anwenden der technisch-taktischen Handlungen sind die körperlichen Fähigkeiten, organischen Eigenschaften und Charaktereigenschaften des Judoka. Von diesen Komponenten hängt das Wettkampfergebnis ab.
Dabei kann natürlich eine gute Leistung in der einen Komponente (zum Beispiel Kondition) Schwächen einer anderen Komponente ausgleichen (zum Beispiel Technik). Eine individuelle Höchstleistung, entsprechend den persönlichen Voraussetzungen (Talent, soziale Bedingungen), wird aber nur dann zustande kommen, wenn der Judoka konsequent daran arbeitet, seine Schwächen auszumerzen, und nicht das trainiert, was er ohnehin schon beherrscht.

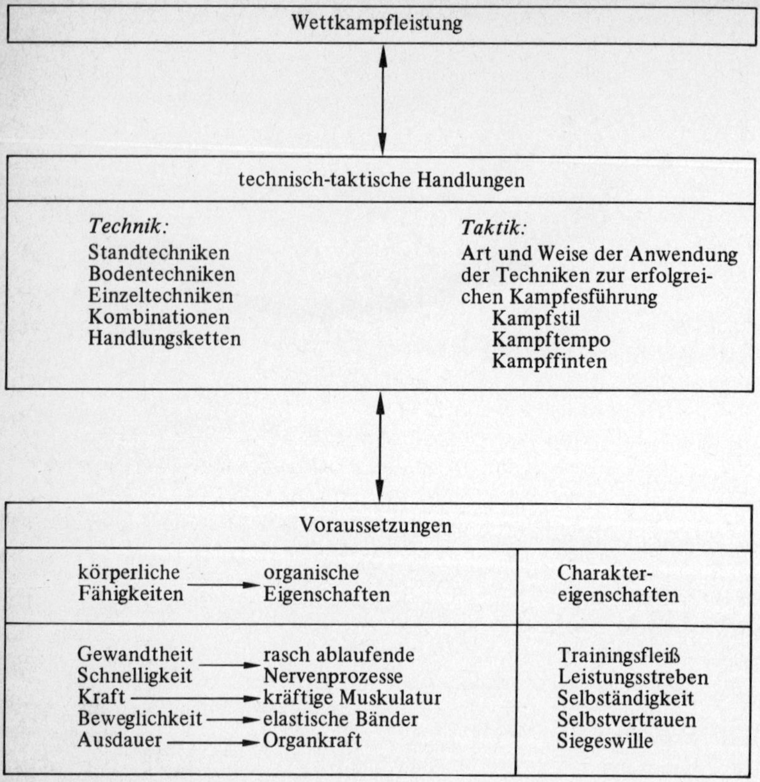

Schema 1: Leistungsfaktoren im Judo

Training der körperlichen Fähigkeiten

Ein gut ausgebildeter Judoka hat auch seine körperlichen Fähigkeiten, oft *Kondition* genannt, vielseitig entwickelt. Dazu gehören Kraft, Schnelligkeit, Ausdauer, Gewandtheit und Beweglichkeit. Werden die körperlichen Fähigkeiten trainiert, so hat dieses Training einen Einfluß auf die organischen Eigenschaften: *Krafttraining* führt zu einer kräftigen Muskulatur, *Ausdauertraining* verbessert die Organkraft.
Der Physiologe Roux schrieb zu dieser Problematik schon 1881: «Die stärkere Funktion ändert die qualitative Beschaffenheit der Organe,

indem sie die spezifische Leistungsfähigkeit derselben erhöht.» Dies besagt, daß nur durch genügend starke Bewegungsreize Struktur und Funktion der Organsysteme optimal zur Entwicklung gebracht werden können. Neben diesem physiologischen Grundgesetz hat Roux ein morphologisches aufgestellt; es besagt, daß die stärkere Funktion ein Organ nur in den Dimensionen vergrößert, wie es zur Angleichung an die erhöhten Bedürfnisse erforderlich ist.
Roux bringt mit diesem Gesetz praktisch das gleiche zum Ausdruck, was wir heute unter der Schulz-Arndtschen Regel verstehen. Hiernach wirken schwache Reize auf die Lebenstätigkeit anregend; starke Reize lösen Anpassungsvorgänge aus, während zu starke Reize auf das Organ lähmend und schädigend wirken. Unterschwellige Reize dagegen bleiben wirkungslos.
Dieses Gesetz ist für die Dosierung der Bewegungsreize im Training von großer Bedeutung, ja ausschlaggebend für seinen Erfolg. Die Dosierung kann niemals schematisch vorgenommen werden, sondern muß sich stets dem jeweiligen Leistungsstand des Trainierenden anpassen.
Starke Bewegungsreize, die bei Trainingsbeginn funktionelle Anpassungsvorgänge auslösen, sinken im Laufe des Trainingsprozesses durch die gesteigerte Leistungsfähigkeit zu schwachen bzw. unterschwelligen Reizen ab. Eine Steigerung der Leistungsfähigkeit kann dann nur durch eine erhöhte Leistungsforderung erreicht werden. Aus der Kenntnis dieser Grundgesetze läßt sich unschwer ableiten, daß die Leistungsbeanspruchung (Belastung) im rechten Verhältnis zum Leistungsvermögen (Trainingszustand) stehen muß. Insofern kann man keine festen Dosierungspläne über längere Zeit aufstellen, sondern man braucht eine stufenweise Steigerung der Leistungsbeanspruchung.

Man kann heute mit Sicherheit davon ausgehen, daß die Leistungsfähigkeit mit zunehmenden Trainingsreizen ansteigt, bis sie ein individuelles Maximum erreicht hat. Darüber hinausgehende Trainingsreize führen zu Leistungsrückgang – im Sport als Übertraining bekannt.
Man unterscheidet allgemeine und spezielle körperliche Fähigkeiten (siehe *Schema 2*, Seite 28).
Allgemeine körperliche Fähigkeiten sind Grundlage des Trainings in allen Sportarten. *Spezielle körperliche Fähigkeiten* sind besonders beim Erlernen und Anwenden der Judotechniken notwendig. Beide Fähigkeiten beeinflussen sich in ihrer Entwicklung gegenseitig.

Allgemeine körperliche Fähigkeiten	spezielle körperliche Fähigkeiten
Gewandtheit Schnelligkeit Kraft Beweglichkeit Ausdauer	Anpassungsfähigkeit Bewegungsschnelligkeit Schnellkraft, Schnelligkeitsausdauer Geschmeidigkeit Kraftausdauer
allgemeine körperliche Fähigkeiten werden durch *allgemeine Trainingsmittel* entwickelt (Bewegungsabläufe aus anderen Sportarten): Ballspiele leichtathletische Übungen Turnen Schwimmen Raufspiele	spezielle körperliche Fähigkeiten werden durch *spezielle Trainingsmittel* entwickelt (Bewegungsabläufe aus der Sportart Judo): Würfe, Bodentechniken Übungskämpfe in Stand und Boden Wettkämpfe Wurfansätze

Schema 2: körperliche Fähigkeiten des Judokämpfers

Hinweise für die Ausbildung der körperlichen Fähigkeiten

- Die körperlichen Fähigkeiten sind Voraussetzung zum Erlernen der Judotechniken. Sie müssen deshalb ständig während und außerhalb des Trainings vervollkommnet werden.
- Es müssen alle körperlichen Fähigkeiten vervollkommnet werden.
- Das Leistungsvermögen muß ständig kontrolliert werden. Um die Entwicklung beobachten und beurteilen zu können, sollten die erreichten Werte in ein Trainingstagebuch eingetragen werden (siehe Abschnitt «Tests», Seite 41).
- Es ist wichig, sich an den Leistungen der besten zu orientieren und die schlechtesten Ergebnisse zu verbessern.
- Leistungsverbesserungen werden nicht immer sofort deutlich. Es kann sogar zu einem Leistungsstillstand oder -rückgang kommen. Dies liegt an den Anpassungsvorgängen, die aufgrund vorangegangener Trainingsreize im Organismus stattfinden. Diese Anpassungsvorgänge führen dann zu einer höheren Leistungsfähigkeit und damit zur Leistungsverbesserung.

- Die Leistungen verbessern sich nur durch regelmäßiges Üben. Bei längeren Trainingspausen nimmt die körperliche Leistungsfähigkeit sehr schnell wieder ab, da die Anpassungserscheinungen des Organismus sich zurückbilden.
- Leistungssteigerungen werden nur durch ständige Belastungssteigerung erreicht, das heißt durch höhere Leistungswerte oder mehr Wiederholungen.
- Bei regelmäßigem und konsequentem Training bilden sich auch Charaktereigenschaften wie Trainingsfleiß, Leistungsstreben, Selbstvertrauen und Siegeswillen heraus.

Gewandtheit

Gewandtheit ist die Fähigkeit, Bewegungen zweckmäßig zu koordinieren. Sie ist besonders im Judo wichtig, da hier viele komplizierte Bewegungsabläufe gelernt und zudem im Wettkampf unter Gegnereinwirkung bei sich ständig ändernden Situationen angewandt werden müssen. Der Judoka muß sich sehr schnell auf neue Wettkampfsituationen einstellen und durch wirksame Angriffs- und Verteidigungshandlungen reagieren. Ein gewandter Kämpfer wird den Wettkampf immer erfolgreicher gestalten können als ein Kämpfer, der diese Fähigkeit nur selten schult.

Übungsformen zur Schulung der Gewandtheit
- Allgemeine Gewandtheit: Körperübungen, die hohe Anforderungen an die Koordinationsfähigkeit stellen (Bodenturnen, Trampolinspringen, Gleichgewichtsübungen, Ballspiele usw.).
- Allgemeine und spezielle Gewandtheit: Körperübungen, die den Bewegungsabläufen im Judo sehr ähnlich sind (Kampf- und Raufspiele).
- Spezielle Gewandtheit (Anpassungs-, Gleichgewichtsfähigkeit, Geschicklichkeit): Fallübungen; Judotechniken in der Grobform, die mehrfach und beidseitig ausgeführt werden.

Gewandtheitsübungen

1. Slalom laufen (Foto 1, Seite 31)

Die Judoka stehen in einer Linie oder im Kreis (Abstand von Partner zu Partner: etwa ein Meter). Die Aufgabe für jeden besteht darin, im Seitgalopp zwischen den Partnern durchzulaufen. Dabei zeigt der Rükken immer zu dem Partner, der gerade umlaufen wird. Zwischen den Partnern muß also stets vom Seitgalopp rechts zum Seitgalopp links gewechselt werden.

2. ‹Gürtel ziehen› (Foto 2)
Beide Partner stehen sich gegenüber (Beine in Schulterbreite gegrätscht). Sie halten einen Gürtel zwischen sich. Das kurze Ende ist um den Rücken gelegt und wird mit der linken Hand festgehalten. Das lange Ende führt zum Partner und wird mit der rechten Hand festgehalten. Durch Ziehen oder Nachgeben mit der rechten Hand am Gürtel wird versucht, den Partner aus dem Gleichgewicht zu bringen. Verloren hat, wer einen Fuß umsetzt, hinfällt oder mit der linken Hand den Gürtel losläßt.
3. ‹Auf den Ball ziehen› (Foto 3)
Mehrere Partner stehen im Kreis und fassen sich an den Händen oder am Revers. In der Mitte des Kreises liegen drei Medizinbälle. Durch Ziehen und Drücken wird versucht, einen der Partner auf die Bälle treten zu lassen. Wer auf einen Ball tritt, scheidet aus.
4. Samurai-Kampf
Beide Partner sitzen sich im Judositz so gegenüber, daß sich ihre Knie berühren. Jeder versucht, sein Gegenüber nach hinten oder zur Seite umzudrücken.
5. Liegestützkampf
Zwei Partner befinden sich einander gegenüber im Liegestütz. Der Körper ist gerade, die Beine höchstens um Schulterbreite auseinander. Der Partner soll zu Fall gebracht werden, indem ihm die stützenden Arme weggezogen werden.
6. Rückenringkampf
Beide Partner sitzen Rücken an Rücken auf der Matte und haben die Arme eingehakt. Es wird versucht, den Partner umzudrücken und ihn mit seiner Schulter auf die Matte zu zwingen.
7. Hahnenkampf
Beide Partner springen auf einem Bein. Es wird versucht, den Partner mit Ellbogen oder Unterarmen anzurempeln und ihn dazu zu bringen, mit dem anderen Fuß die Matte zu berühren. Es ist nicht erlaubt, die verschränkten Arme zu lösen oder von einem Bein auf das andere zu springen.
8. Partner umwerfen (Foto 4)
Ein Partner steht in der Grätsche. Der andere Partner umklammert seinen Bauch mit den Beinen und wird selbst am Gürtel festgehalten. Er versucht nun, durch Bewegungen mit dem ganzen Körper und Zug am Revers den Partner umzuwerfen.
9. Partner abwerfen (Foto 5)
Ein Partner ist in einer Bankposition und versucht, den im Reitsitz auf ihm sitzenden Partner abzuwerfen. Dieser darf sich nicht festhalten, sondern nur mit den Händen abstützen.

1

2

3

4

5

6

7

8

10. ‹Auf die Füße treten› (Foto 6)
Es geht darum, dem Partner mit den Fußballen auf den Fuß zu tippen. Wer zuerst getroffen hat, ist Sieger. Es darf nur mit dem Fußballen getippt werden.
11. ‹Auf die Oberschenkel schlagen› (Foto 7)
Es wird versucht, auf einen Oberschenkel des Gegners zu schlagen.
12. Ausbrechen
Drei Partner bilden einen Kreis und fassen sich an den Händen. Der vierte Partner ist im Kreis gefangen und versucht auszubrechen.

13. Sumo (Foto 8)
Aus mehreren verknoteten Gürteln wird ein Kreis gelegt, um den die Teilnehmer sitzen. Zwei Partner sind im Kreis und versuchen, sich herauszuschieben. Gewonnen hat, wem es gelingt, den anderen aus dem Kreis zu schieben oder ihn dazu bringt, im Kreis – mit einem anderen Körperteil als den Füßen – die Matte zu berühren. Der Sieger bleibt so lange stehen, bis er schließlich verloren hat.

Schnelligkeit

Schnelligkeit ist die Fähigkeit, sich mit maximaler Geschwindigkeit zu bewegen.
Man unterscheidet drei Arten der Schnelligkeit:
1. die *Reaktionsschnelligkeit* als Fähigkeit, auf eine Aktion mit einer Gegenbewegung zu reagieren (etwa bei einem gegnerischen Wurfansatz abblocken). Sie ist abhängig vom Verlauf und der Geschwindigkeit der Befehlsübermittlung zwischen Großhirnrinde und Muskel durch die Nervenbahnen.
2. die *Fortbewegungsschnelligkeit* als Fähigkeit, eine Aktion möglichst schnell auszuführen. Sie ist – besonders beim Judo mit seiner Behinderung durch den Gegner – von der Maximalkraft abhängig: Ein leichter Partner kann schneller geworfen werden als ein schwerer Partner. Wenn der Werfende mehr Kraft hat, ist der Partner für ihn relativ leichter. Er muß sich also weniger anstrengen, um ihn zu werfen. Eine Rolle spielt ferner die Koordination der gebrauchten Muskeln – die Bewegung wird gut beherrscht, es wird keine Kraft für unnötige Bewegungen vertan – und die Entspannungsfähigkeit der Muskulatur, die gerade nicht angespannt wird; ist sie noch angespannt, bremst sie die Bewegung.
3. die *Schnelligkeitsausdauer* als Fähigkeit, eine schnelle Bewegung oft ausführen zu können. Sie ist hauptsächlich abhängig von der Qualität des Stoffwechsels im Muskel selbst.

Übungsformen zur Schulung der Schnelligkeit
- Sprints über kurze Strecken (30 bis 70 m)
- Maximalkrafttraining
- explosive Wurfansätze oder Würfe mit einem leichteren Partner

Wichtig
Zwischen den einzelnen Wiederholungen muß die Pause lange genug sein, damit sich der Organismus vollständig erholen kann. Werden die Pausen zu kurz gewählt, trainiert man Ausdauer, nicht aber Schnelligkeit.

Durch Aufbietung aller Kräfte für die schnelle Bewegung werden Muskeln, Sehnen, Bänder und auch Nerven sehr stark beansprucht. Dies verlangt ein sorgfältiges Aufwärmen und einen ausgeruhten Organismus. Müde oder verkrampfte Muskulatur kann sehr leicht geschädigt werden. Es ist deshalb günstig, die Schnelligkeitsschulung zu Beginn des Trainings, gleich nach dem Aufwärmen, durchzuführen und dann aufzuhören, wenn Ermüdungserscheinungen auftreten.

Kraft

Kraft ist die Fähigkeit, durch Muskelkontraktion Widerstände zu überwinden.
Je nachdem, wie groß der zu überwindende Widerstand ist und wie lange die Kraft aufgewendet werden muß, unterscheidet man zwischen *Maximalkraft, Schnellkraft* und *Kraftausdauer.* Alle drei Arten der Kraft bedingen sich gegenseitig.
Im Wettkampf ist zwar das Anwenden einer Technik Voraussetzung zum Sieg; dabei muß aber der Widerstand des Gegners überwunden werden. Die umfangreichen und vielseitigen Anforderungen des Wettkampfs verlangen maximale Kraftanstrengungen mit schnellkräftigen und längerdauernden Muskelkontraktionen. Deshalb muß auch die Kraftfähigkeit in allen drei Wirkungsarten ausgebildet werden.

Übungsformen zur Schulung der Kraft
1. Kopfbrücke (Foto 1)
Aus der Kopfbrücke rückwärts rollt der Judoka auf dem Kopf vor und zurück. Ein Partner dient als Zusatzlast.
2. Robben mit Partnerbelastung (Foto 2)
Der Judoka robbt über die Matte, indem er beide Arme gleichzeitig unter seinen Körper zieht. Ein Partner kann als Zusatzbelastung auf seine Schultern drücken.
3. Armdrücken (Foto 3)
Ein Partner liegt auf dem Rücken und balanciert den anderen auf seinen Schienbeinen aus. Er drückt ihn mit seinen Armen immer wieder nach oben.
4. Übungen mit einem Gummiband (Foto 4)
Ein Bein hält ein Gummiband am Boden. Mit dem Arm wird es entweder vor dem Körper nach oben gezogen oder hinter dem Körper nach oben gedrückt.
5. Beindrücken (Foto 5 und 6)
Der Partner liegt auf dem Rücken und balanciert einen anderen Judoka auf den Fußsohlen, indem er diese gegen die Beckenknochen stemmt. Die Beine werden gebeugt und gestreckt.

1

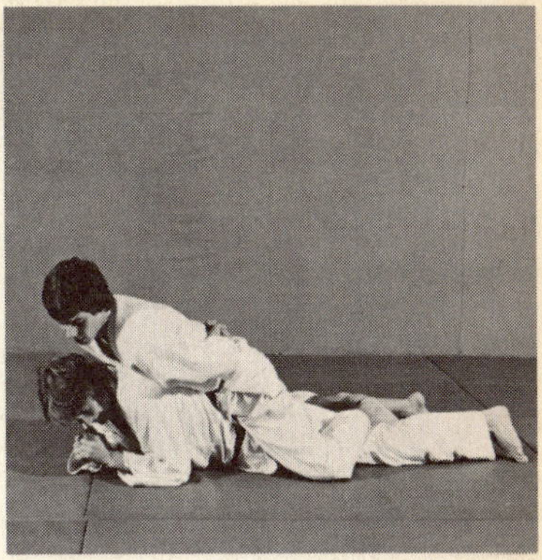
2

3

4

5

6

7

8

6. Paarweise hüpfen (Foto 7)
Zwei Partner stehen nebeneinander und heben das jeweils zur Mitte zeigende Bein an. Mit der äußeren Hand fassen sie unter den Kniekehlen die Hand des anderen, mit der freien Hand wird der Partner festgehalten. In dieser Haltung springen beide über die Matte.
7. Gürtelhochspringen (Foto 8)
Zwei Judoka halten zwischen sich einen Gürtel quer zur Matte gespannt. Der dritte Partner springt auf einem Bein über den etwa hüfthoch gehaltenen Gürtel. Zwischen den einzelnen Wiederholungen sollte das andere Bein nicht abgesetzt werden. Das Sprungbein sollte immer dem Gürtel zugewandt sein.

Beweglichkeit

Beweglichkeit oder Flexibilität ist die Fähigkeit, Bewegungen mit einer großen Bewegungsweite in den Gelenken sowie mit einer großen Biegsamkeit der Wirbelsäule auszuführen.
Um im Wettkampf sowohl im Stand als auch am Boden angreifen und verteidigen zu können, muß der Judoka sehr beweglich sein. Besonders bei Einwirkung des Gegners können sich sonst leicht Verletzungen einstellen. Für viele Techniken ist eine gute Beweglichkeit Voraussetzung, da sich diese anderenfalls gar nicht wirksam ansetzen lassen.

Übungsformen zur Schulung der Beweglichkeit
- Rumpf- und Hüftkreisen
- Rumpfbeugen vorwärts und rückwärts
- Spagat
- Armkreisen, Kopfkreisen
- Dehnübungen mit Partnerhilfe

Wichtig
Beim Trainieren der Beweglichkeit muß der Körper gut aufgewärmt sein. Auch wird dann die Beweglichkeit größer, da ein warmer Muskel sich besser dehnen läßt. Nach anstrengendem Krafttraining oder nach Ausdauerbelastungen und verkrampfter Muskulatur sind Übungen zur Schulung der Beweglichkeit nicht angebracht. Die Verletzungsgefahr ist dann zu groß.

Ausdauer

Ausdauer ist die Fähigkeit, gleichartige oder ungleichartige Bewegungsabläufe über einen längeren Zeitraum auszuführen.
Im Judowettkampf werden hohe Anforderungen an das Herz-Kreislauf-System gestellt. Bei schlechter Ausdauerleistungsfähigkeit ermüdet der Kämpfer früh. Er ist nicht mehr in der Lage, seine eigenen Techniken richtig anzuwenden und den Angriffen des Gegners erfolgreich zu widerstehen.

Übungsformen zur Verbesserung der Ausdauer
- allgemeine Ausdauer: Langstreckenlauf, Skilanglauf, Schwimmen
- judospezifische Kurzzeitausdauer

Infolge der intensiven Belastung muß die Energie für die Muskeltätigkeit oft ohne Sauerstoff bereitgestellt werden. Übungsformen, besonders solche mit Judobewegungen, die diese Situation nachvollziehen, tragen zur Verbesserung der judospezifischen Kurzzeitausdauer bei.

1

2

3

1. Aufstehen gegen Partnerwiderstand (Foto 1)
Ein Judoka hält den Partner zwischen den Beinen am Gürtel fest. Dieser versucht aufzustehen, wird dabei aber zusätzlich von einem dritten Partner am Kragen behindert. Der zu trainierende Partner versucht 30 Sekunden lang, in den Stand zu kommen. Er muß sich dabei völlig verausgaben und einen möglichst hohen Pulswert erreichen (etwa 180 bis 200 Schläge/Min.). Beide Helfer dürfen ihn allerdings nicht so festhalten, daß er keine Chance hat, sich zu bewegen. Er muß das Gefühl haben, sich befreien zu können, ohne sein Ziel in 30 Sekunden zu erreichen.
2. Verteidigung gegen Würgegriffe (Foto 2)
Zwei Judoka halten einen dritten fest. Ein Partner umklammert die Beine, der andere setzt von hinten einen Würgegriff an (zum Beispiel *Okuri-Eri-Jime*). Der gewürgte Partner versucht 30 Sekunden lang, sich zu befreien. Er sollte sich bis zur Erschöpfung verausgaben.
3. fortlaufende Wurfansätze (Foto 3)
Ein Kämpfer setzt eine halbe Minute lang Wurftechniken an und versucht, auch zu werfen. Wichtig ist, daß er ohne Unterbrechung von einer Technik zur anderen übergeht und mit vollem Einsatz zieht. Da ein Partner unter diesen Bedingungen geworfen würde, wird er von einem dritten Partner am Gürtel festgehalten.

4. ständiges Werfen

Der Judoka wirft einen Partner mit einer Eindrehtechnik, läßt seinen Griff aber nicht los, sondern zieht den Partner aktiv wieder hoch und wirft erneut. Es soll 20mal mit vollem Einsatz und größter Schnelligkeit geworfen werden. Diese Übungsform ist auch für den fallenden Partner sehr anstrengend; er sollte deshalb nach dem zehnten Wurf gegen einen frischen Partner ausgewechselt werden.

Hinweis

Wichtig ist die Länge der Pausen zwischen den einzelnen Wiederholungen. Sobald der Judoka das subjektive Gefühl hat, er könne weitermachen oder der Puls einen Wert von etwa 120 Schlägen pro Minute erreicht hat, sollte die Übung wiederholt werden. Je nach Trainingszustand kann man fünf bis acht Wiederholungen machen. Dabei wird immer ein Kämpfer so lange trainiert, bis er seine Wiederholungen beendet hat; erst danach kommt der nächste Partner an die Reihe.

Methoden der Belastung beim Training der körperlichen Fähigkeiten

Die Belastung im Training wird nach verschiedenen Trainingsmethoden vorgenommen. Diese Trainingsmethoden lassen sich alle auf drei Grundmethoden zurückführen:

1. Dauerleistungsmethode
2. Wiederholungsmethode
3. Intervallmethode

Ihre Anwendung ist im wesentlichen abhängig vom Trainingsziel (siehe *Schema 3*, Seite 40).

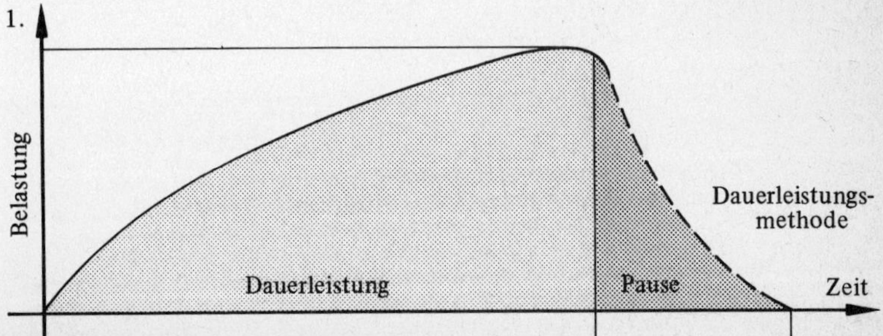

2.

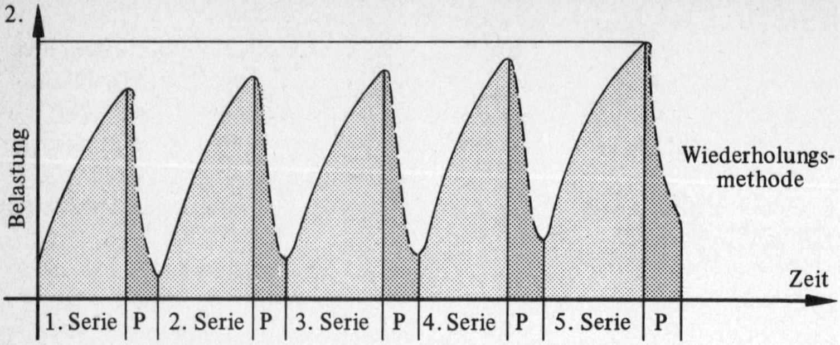

3.

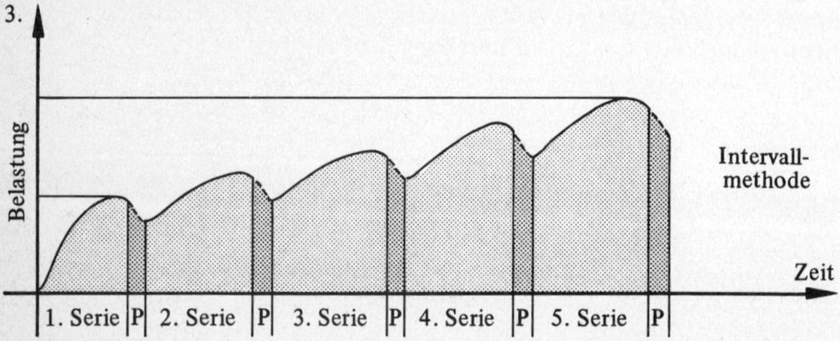

Methode der Belastung	Trainingseffekt
Dauerleistungsmethode	Ausdauer
Wiederholungsmethode	Kraft Schnelligkeit Anpassungsfähigkeit
Intervallmethode	Schnellkraft Schnelligkeitsausdauer Kraftausdauer

Schema 3: Trainingsziele

Tests

Der Trainingsprozeß erfordert zunächst eine Planung. (Was soll trainiert werden?) Nach der Trainingsplanung wird das Training durchgeführt. Um nun erkennen zu können, ob das angestrebte Trainingsziel auch wirklich erreicht ist, oder um zu sehen, wie groß die Leistungsverbesserung wirklich ist, muß die eingetretene Verbesserung gemessen werden.
Die gesamte Trainingsleistung wird durch das Ergebnis (Placierung) bei einem Wettkampf in der Leistungssteigerung zu erkennen sein.
Die einzelnen Komponenten der Leistung und deren individueller Ausprägungsgrad werden durch spezielle Tests erfaßt: Gewandtheit durch einen Gewandtheitstest (zum Beispiel Slalomlauf auf Zeit), Kraft durch einen Krafttest (zum Beispiel Anzahl der Klimmzüge, die maximal hintereinander ausgeführt werden können).
Für die allgemeine und spezielle Ausdauer werden hier zwei Tests vorgestellt, die unter anderen von der deutschen Judo-Nationalmannschaft durchgeführt werden.

Harvard-Step-Test
(für Männer)
Es handelt sich um einen aus den USA stammenden Test zur Messung der allgemeinen Ausdauer, im besonderen der Herz-Kreislauf-Funktion. Der Getestete steigt dabei in aufrechtem Stand auf einen 50 cm hohen Kasten und wieder herab. Der Rhythmus der Steigbewegung beträgt zwei Sekunden für einen Auf- und Abstieg. Insgesamt wird der Judoka 5 Minuten lang belastet (150mal auf den Kasten steigen).
Der Grad der Ausdauer wird durch die Messung des Pulses nach folgender Reihenfolge erhoben:
1. Anzahl der Pulsschläge zwischen einer und eineinhalb Minuten nach der Belastung
2. zwei bis zweieinhalb Minuten nach der Belastung
3. drei bis dreieinhalb Minuten nach der Belastung
Aus den Meßwerten wird ein Index nach folgender Formel berechnet:

$$\text{Index} = \frac{(\text{Dauer der Übung in Sekunden}) \times 100}{2 \times \text{Summe der gemessenen Pulsschläge}}$$

Als Richtlinien für die Interpretation liegen folgende Werte vor:

unter 55	: schlecht
55–64	: unterdurchschnittlich
65–79	: mittelmäßig
80–89	: gut
über 90	: sehr gut

Eine gekürzte Form der Indexberechnung sieht nur eine einmalige Pulsmessung eine Minute nach der Belastung vor. Der Index wird dann nach der Formel berechnet:

$$I = \frac{(\text{Dauer der Übung in Sekunden}) \times 100}{5{,}5 \times \text{gezählter Puls}}$$

Zur Interpretation:

unter 50 : schwach
50 bis 80 : mittelmäßig
über 80 : gut

Für Schüler und Jugendliche kann eine kürzere Belastungszeit angesetzt werden.

Der Neun-Minuten-Test

Dieser Test gibt Aufschluß über die lokale Muskelausdauer von drei großen Muskelgruppen, die im Kampf stark beansprucht werden.
Für Schüler bis zwölf Jahre wird der Test nur drei Minuten lang durchgeführt; Jugendliche zwischen 13 und 16 Jahren werden sechs Minuten lang getestet.

Testbeschreibung

Die Übungen werden an einer Turnbank jeweils drei Minuten lang (insgesamt neun Minuten, daher der Name) ohne Pause so oft wie möglich durchgeführt.
Schlußsprünge auf die Bank; jeder Sprung zählt einen Punkt.
Sit-ups an der Bank. Die Knie sind gebeugt, die Finger berühren sich hinter dem Nacken. Bei jedem Aufrichten müssen die Ellbogen die Knie berühren. Jeder *Sit-up* bringt einen Punkt (Foto oben).
Liegestütz von der Bank. In der Ausgangsposition liegen die Füße auf der Bank; die Hände berühren sich hinter dem Rücken. Es wird in den Liegestütz hochgedrückt. Dann wird eine Hand auf die andere gelegt (abwechselnd). Jeder Liegestütz zählt drei Punkte (Foto unten).

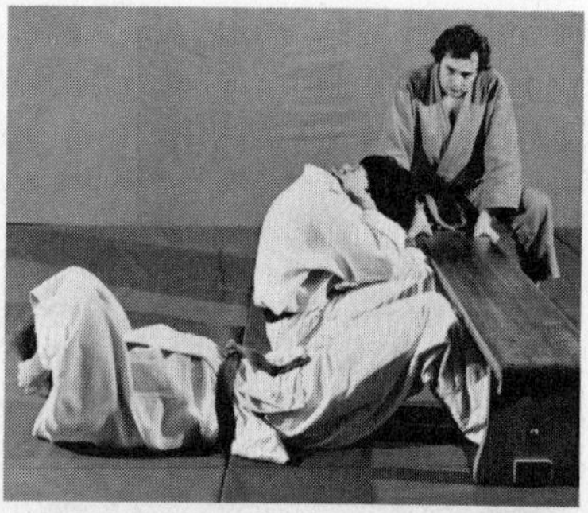

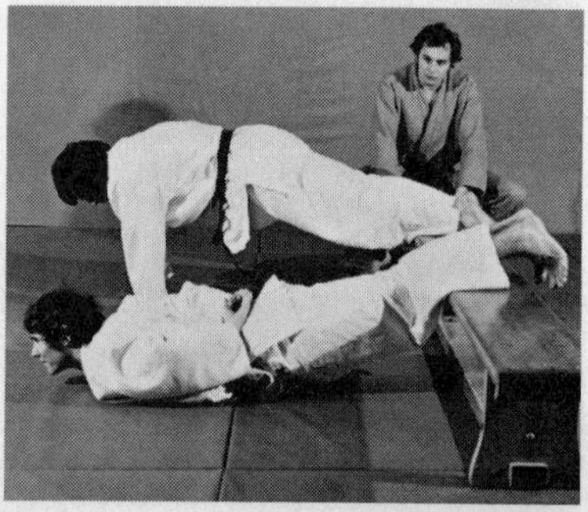

Zur Interpretation:

Alter (in Jahren)	10–12	13–16	über 16
Belastungszeit	3	6	9
(in Minuten)			
schwach	unter 100	unter 220	unter 400
durchschnittlich	bis 130	bis 260	bis 450
gut	bis 150	bis 300	bis 500
sehr gut	über 150	über 300	über 500
Bewertung	Gesamtpunktzahl		

Training der Charaktereigenschaften

Das Anwenden der Judotechniken unter den schwierigen Bedingungen und Anforderungen des Wettkampfs setzt die Ausprägung bestimmter psychischer Eigenschaften voraus. Die Entwicklung dieser psychischen Wettkampfeigenschaften muß ebenso beachtet werden wie das Erlernen der Judotechniken oder die Ausbildung der körperlichen Fähigkeiten. – Methoden der Entwicklung der psychischen Wettkampfeigenschaften sind:

- Wettkampfhärte und Mut
  Überwinden von Schmerzen
  konsequentes Auseinandersetzen mit gleich starken und stärkeren Gegnern
  Trainingskämpfe bis zur Leistungsgrenze
- Selbstvertrauen
  beharrliches und regelmäßiges Üben
  reales Einschätzen der eigenen Leistungen
  Übernehmen von Teilaufgaben im Training (Durchführung der Gymnastik, Arbeit als Kampfrichter)
- Risikobereitschaft
  konsequentes Erfüllen von taktischen Aufgaben im Übungskampf
  Anwenden von nicht so gut beherrschten Judotechniken bei gleich starken und stärkeren Gegnern
- Beobachtungsfähigkeit
  Einschätzen von Kampfsituationen

Grundfertigkeiten

Grüßen

Jede Sportart hat ihren eigenen Gruß. Was bei den Ballspielern ihr «Gut Sport» ist, daß ist bei den Judoka die asiatische Art des Grüßens – die Verbeugung.
Es gibt (1) die formelle Art des Grüßens im Kniesitz am Anfang und Ende einer Trainingseinheit auf den Ruf *Rei* (= Grüßen) hin. Dabei geht man zuerst auf das linke, dann auf das rechte Knie; man streckt die Zehen und legt die großen Fußzehen übereinander. Die Knie sind etwa zwei Faustbreit auseinander, die Hände liegen auf den Oberschenkeln, die Arme sind locker an den Körper gelegt. Dies ist eine sehr entspannte Haltung, die im Yoga unter ‹Diamantsitz› bekannt ist.

Auf den Ausruf *Rei* des höchstgraduierten Schülers hin – er ist vom Trainer aus gesehen der erste von links in der Reihe – verbeugen sich die Judoka, indem sie die Hände auf die Matte stützen und sich verneigen.

Das Grüßen im Stand (2) erfolgt durch eine einfache Verbeugung vor und nach jedem Üben mit dem Partner und zu Beginn und am Ende jedes Wettkampfs.

Körperhaltung (Shisei)

Es gibt zunächst die *normale Grundstellung*: Der Judoka steht in einer normalen, aufrechten Haltung, die Füße schulterbreit auseinander. Aus dieser Stellung heraus kann man schnell angreifen und auch verteidigen. Durch die relativ weite Fußstellung ist ein sicherer Stand gegeben. Stellt man aus der normalen Grundstellung den rechten Fuß einen Fußbreit vor, ist dies die *rechte Grundstellung*, bei einem Schritt mit dem linken Fuß die *linke Grundstellung*.
Die Grundstellungen werden zu korrekten *Verteidigungspositionen*, wenn die Knie gebeugt werden und dadurch der Schwerpunkt nach unten verlagert wird. Der Oberkörper bleibt aufrecht und entspannt.

Körperbewegungen (Shintai) und Körperdrehungen (Tai-Sabaki)

Die ‹normale› Art zu gehen (*Ayumi-Ashi*) wird aufgegeben, um wegen eines sicheren Stands beide Füße möglichst lange auf dem Boden zu haben. Der Fuß wird nicht mehr angehoben; er gleitet über die Matte und rollt nicht ab. Die Fersen setzen nicht zuerst auf. Diese Art des Gehens wird *Tsuri-Ashi* (= mit schleifenden Füßen) genannt.
Die wohl gebräuchlichste Art, sich auf der Matte zu bewegen, sind Nachstellschritte (*Tsugi-Ashi*). Die Füße werden nicht aneinander vorbei gestellt, sondern ein Fuß folgt dem anderen nur bis auf dessen Höhe. Auch bei *Tsughi-Ashi* schleifen die Füße über die Matte.
Um in eine günstige Ausgangsposition für einen Wurf zu kommen, sind oft Körperdrehungen um 90 oder 180 Grad notwendig. Bei diesen Drehungen (*Tai-Sabaki*) bewegen sich Hüften, Schultern, Arme und Füße gleichzeitig. Die Drehung erfolgt immer auf dem Fußballen, wobei die Füße ihren schulterbreiten Abstand möglichst beibehalten.
Stehen, Gehen und Drehen sind mit die wichtigsten Voraussetzungen für einen sicheren Wurf. Der bekannte japanische Trainer Mahito Ohgo sagte zu diesem Problem:

«Während der Schrittbewegungen und beim Angriff stehen wir auf den Zehen und Fußballen – obwohl die meisten Kämpfer dieses Prinzip nicht kennen. Es gibt kaum eine Sportart, bei der man während ihrer Ausführung auf der ganzen Fußsohle steht. Leider geschieht dies aber zur Zeit bei den meisten Judokämpfern. Eine solche Schrittweise wurde früher ‹*Beta-Ashi*› (= klebender Fuß), frei übersetzt ‹Elefantenfuß›, genannt und aufs äußerste verspottet. Solange ein Judoka in dieser Gangart steckenbleibt, wird er keinen Fortschritt erzielen können. Sein Körpergewicht ist auf beide Fußsohlen verteilt, wodurch seine Bewegungen langsamer werden und die gesamte Körperhaltung unbeweglicher bleibt. Außerdem muß er beim Gehen seinen ganzen Fuß erst hochheben, um in eine neue Schrittrichtung zu kommen. Dadurch wackelt ständig sein Körper, das heißt, sein Schwerpunkt muß lange Zeit während eines Wechselschritts auf einem Fuß bleiben. Auch kann man, wenn man sein Gewicht auf die ganze Fußsohle legt, die Knie nicht so leicht beugen. Wagt man es dennoch, wird das Gleichgewicht nach hinten verlagert, und man kommt in die Rückenlage oder mit eingeknickter Hüfte in die gebückte Position. Da die gesamte Fußsohle die Matte berührt und eine stabile Lage innehat, versagt auch eine Dreh- oder Kreisbewegung. Letztlich verlieren durch diese unbeweglichen und klebenden Füße sämtliche Beinaktionen ihre Flexibilität und erhalten keine Reserve für ihre Beweglichkeit in verschiedene Richtungen.

Das vermehrt die Verletzungsgefahr an den Knien, weil sich die Beine den komplexen und ineinandergreifenden Bewegungsabläufen nicht anpassen können. Von einem solchen Stand aus und von dieser Haltung her kann man keinen aktiven Angriffsgeist und offensive Leistungen erwarten. Jede Art des Trainings, basierend auf einem solchen Stand, ist dem wahren Sinne des Judo nicht nützlich. Auch eignet es sich nicht als Ausgangsposition zu schnellen Aktionen beim Judo und im Sport allgemein» (In: Judo-Revue 3/1976, Seite 21).

Faßart (Kumi-Kata)

Stehen, Gehen und Drehen können zunächst ohne Partner geübt werden. Um Judo zu betreiben, muß der Partner aber angefaßt werden. Erst dann ist die Möglichkeit gegeben, über die Jacke Kraft auf ihn zu übertragen.
Die Grundform aller Würfe kann mit der normalen Faßart ausgeführt werden.
Bei der *normalen Faßart rechts* (für Würfe nach rechts) werden mit der rechten Hand das linke Revers des Partners und mit der linken Hand der rechte Ärmel unterhalb des Ellbogens gefaßt (Foto 1).
Die Arme müssen immer die Kraft des Körpers übertragen. Sie dienen aber auch dazu, die Bewegungen des Partners zu spüren. Bei Würfen links muß umgefaßt werden (linke Hand ins rechte Revers, rechte Hand faßt den linken Ärmel).
Im Wettkampf kommt dem Bereich *Kumi-Kata* (= Greifen des Gegners) große Bedeutung zu. Ideal ist es dann, so zu greifen, daß der Gegner durch den Griff in seinen Angriffsmöglichkeiten stark eingeschränkt wird, während die eigenen Techniken gut durchgeführt werden können. Bei einem Wettkampf ‹seinen› Griff durchzubringen, ist oft schon der halbe Weg zum Sieg.

1

2

Es besteht ferner die Möglichkeit, mit der rechten Hand in den Nakken des Gegners zu greifen und ihn herunterzuziehen. Dies ist die *Faßart rechts hoch* (Foto 2). Der Gegner wird so in seiner Bewegungsfähigkeit und Übersicht eingeschränkt.

3

Oft zu beobachten ist auch die *Faßart rechts gegen links* (Foto 3). Dabei kann ein Kämpfer leichter Würfe nach rechts ansetzen, der andere nach links, und jeder hat die Hälfte der Eindrehbewegung gespart.

4

Die große Bedeutung der Faßart im Wettkampf ersieht man aus dem sogenannten *Kampf um den Griff*. Ein Kämpfer, dem die Faßart des Gegners unangenehm ist – weil er dann nicht selbst angreifen kann oder weil der Gegner mit diesem Griff seinen Spezialwurf ansetzt –, zwingt seinen Gegner dazu, die Faßart zu lösen.
Dies kann einmal die Hand am Revers sein (Hubhand oder Hebezughand). Der Arm des Gegners wird am Ärmel fixiert, die andere Hand packt ins eigene Revers (Foto 4).

Die Hand des Gegners wird festgehalten. Der Griff wird gelöst, indem er durch Zug am Revers, verbunden mit einer Körperdrehung, veranlaßt wird, seine Hand loszulassen (Foto 5).

5

Ist der Griff am Ärmel unangenehm, wird in ähnlicher Weise verfahren (Foto 6).

6

Des Gegners Arm wird kontrolliert und dann die eigene Hand mit Schwung weggerissen (Foto 7).

7

Gleichgewichtbrechen (Kuzushi)

Eine Wurftechnik kann grob in drei Phasen untergliedert werden:
- Gleichgewichtbrechen (Wurfvorbereitung) = *Kuzushi*
- Hineindrehen oder Ansetzen (Eingang) = *Tsukuri*
- Niederwurf = *Kake*

Dabei kommt dem Gleichgewichtbrechen, also der Wurfvorbereitung oder dem Herbeiführen einer für den Wurf günstigen Situation, das Hauptgewicht zu. – Donn F. Draeger, ein amerikanischer Autor, verteilt die Anteile, die die drei Wurfphasen am Gelingen der Technik haben, wie folgt:
Kuzushi : 75 Prozent
Tsukuri : 20 Prozent
Kake : 5 Prozent
Für die Praxis bedeutet dies, daß es wenig Sinn hat, sich nur auf das Werfen zu konzentrieren. Viel wichtiger ist es, den richtigen Moment für den Wurfansatz zu erkennen und zu nutzen. Der Gegner, der – einmal aus dem Gleichgewicht gebracht – nur noch auf Fußspitzen, Fersen oder sogar auf einem Bein steht, ist leicht zu werfen. Solche Situationen müssen geschaffen werden.
Bei ihren Bewegungen auf der Matte befinden sich die Kämpfer zumeist in einem gestörten Gleichgewichtszustand und nur selten in einem ‹absolut› stabilen Gleichgewicht. Um diesen Umstand zu nutzen, muß der Kämpfer die möglichen Gleichgewichtsverlagerungen kennen und für seine Angriffe verwenden. Grundsätzlich gilt:
- Das Gleichgewicht ist stabil, wenn der Fußpunkt der Schwerelinie (das heißt das Lot vom Körperschwerpunkt zur Matte) in der Stützfläche möglichst nahe deren Mittelpunkt ist.

Die Stützfläche ist die Mattenfläche zwischen den Füßen, wobei diese eingeschlossen sind. Der Gegner gerät aus dem Gleichgewicht, wenn dieses Lot außerhalb der Unterstützungsfläche auf die Matte trifft (siehe Abbildung).
Für ein wirkungsvolles *Kuzushi* sind der richtige Arm- und Körpereinsatz und die entsprechende Position zum Gegner erforderlich. Je nach Wurfabsicht kann man den Gegner nach vorn, hinten, rechts oder links seitlich, rechts oder links vorwärts bzw. rechts oder links rückwärts aus dem Gleichgewicht bringen. Dieses Gleichgewichtbrechen wird zunächst ohne Widerstand des Partners geübt.

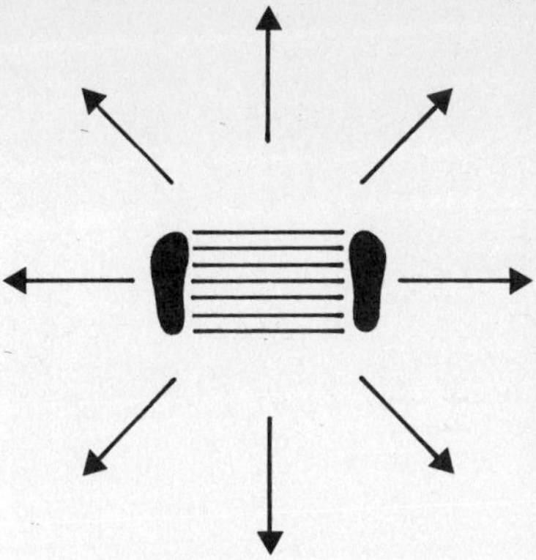

Kuzushi rechts vorwärts

Fallübungen (Ukemi)

Zwei Fertigkeiten sind im Judo unabdingbar miteinander verbunden: der Wurf von Tori (Angreifer; *toreru* = nehmen, greifen) und der Fall von Uke (Verteidigender; *ukeru* = erleiden, empfangen). Dabei bedingt sich die Qualität dieser Fertigkeiten gegenseitig: Wer gut fallen kann, hat keine Angst. Er verkrampft sich nicht und kann deshalb gut und kontrolliert geworfen werden. Wer sauber geworfen wird, hat es leichter, seinen Fall abzufangen, da er aktiv von Tori unterstützt werden kann.

Der Körper Ukes bekommt durch den Wurf und die Fallhöhe einen gewissen Schwung, eine bestimmte Energie, mit dem er auf die Matte prallt. Diese Aufprallenergie muß neutralisiert werden. Sie wird dazu auf eine möglichst große Aufprallfläche verteilt. Verletzungs- und schmerzanfällige Körperteile müssen geschützt werden.

Ein Beispiel verdeutlicht die Prinzipien der Falltechnik: Man läßt ein Buch auf den Boden fallen. Schlägt es mit einer flachen Seite auf, bleibt es völlig unversehrt. Fällt das Buch aber auf eine Ecke, so wird diese eingedrückt.

Übertragen auf den Judoka bedeutet dies: Auch er darf auf keine ‹Ecke› fallen, um sich nicht zu verletzen. Er muß beim Fall Kopf und Gelenke (Schulter, Ellbogen, Hand, Knie) schützen, darf dort nicht zuerst aufprallen. Der relativ unempfindliche Rumpf und die Beine müssen die Energie ‹schlucken›.

1

2

Man bedient sich eines besonderen Kniffs, um den Schwung geschickt abzufangen. Kurz bevor der Körper den Boden berührt, schlägt ein Arm federnd ab (Foto 1). Dieser Gegenarmschlag erfolgt mit der Unterseite des lang ausgestreckten Arms. Der Körper wird so abgebremst, die Wucht des Aufpralls erheblich vermindert. Um die restliche Aufprallenergie möglichst gleichmäßig zu verteilen, müssen Oberkörper und Beine im gleichen Moment auftreffen. Es ist wichtig, in der Seitenlage zu landen, um Steißbein und Fersen zu schützen. Dazu muß sich Uke in der Luft aktiv drehen.

Ganz gleich, mit welcher Technik er geworfen wurde: Uke muß immer versuchen, als Endposition die Seitenlage einzunehmen. Foto 2 zeigt diese Endposition nach einem Wurf rechts. Tori hat den Fall durch Festhalten von Ukes rechtem Arm unterstützt. Ukes linker Arm hat vor dem Aufprall des Körpers in einem Winkel von etwa 45 Grad abgeschlagen (die Hand schlägt etwa in Höhe des Gürtels auf). Das linke Bein liegt flach auf der Matte, das rechte Bein ist aufgestellt (Fußsohle steht auf der Matte, Knie zeigt nach oben). Der Körper liegt auf der linken Seite; die rechte Hüfte und Schulter liegen nicht auf. Der Kopf ist angehoben, das Kinn auf die Brust gedrückt.

Diese anzustrebende Endposition ist immer gleich. Es gibt nur verschiedene Möglichkeiten, in diese Lage zu kommen – nämlich nach einem Fall rückwärts, seitwärts oder vorwärts. Entsprechend diesen grundsätzlich möglichen Fallrichtungen gibt es Fallübungen, die das richtige, schmerzfreie Fallen schulen.

Fallübung rückwärts (Ushiro-Ukemi)
(*Ushiro* = nach hinten)
Vorübungen

- Zur Schulung des Abschlagens und der Kopfhaltung wird aus dem Sitz mit rundem Rücken nach hinten abgerollt. Das Kinn wird auf die Brust gedrückt, die Arme schlagen ausgestreckt links und rechts vom Körper ab (Handflächen zur Matte).
- Die gleiche Übung aus dem Hockstand: Die Arme schlagen kurz vor dem Körper ab, der Hinterkopf darf die Matte nicht berühren. Ist der Schwung sehr groß, wird über eine Schulter weitergerollt. Dazu nimmt man den Kopf zur Seite und grätscht die Beine.

Festigen der Fallübung rückwärts

- Zwei Partner sitzen sich im Hockstand gegenüber und schubsen sich gegenseitig um. Bei der Fallübung werden die Beine gestreckt; der Rücken bleibt auf der Matte (siehe Fotos).
- Aus dem Stand zieht Tori von hinten an Ukes Kragen. Dieser fällt rückwärts, schlägt aber nur mit einer Hand ab.

Fallübung seitwärts (Yoko-Ukemi)

(*Yoko* = Seite, seitlich)

Im Kampf gibt es keinen Wurf, der diese Fallübung erfordert. Die Übung dient dazu, Abschlagen, Seitenlage, Körperspannung und Kopfhaltung zu erlernen.

Vorübung

• Aus dem Sitzen seitwärts umfallen lassen und abschlagen. Bei einem Fall auf die linke Seite schlägt auch der linke Arm ab; die rechte Schulter bleibt in der Luft.

Festigen

• Zwei Partner stehen sich im Grätschstand gegenüber. Ein Bein wird gebeugt. Man läßt sich auf die andere Seite fallen und schlägt ab. Der untätige Arm liegt vor dem Körper am Bauch. Bei der paarweisen Ausführung zeigen die Köpfe beider Partner in die gleiche Richtung. Abgeschlagen wird zwischen den Körpern. Ein Partner hat also die Fallübung seitwärts links ausgeführt, der andere rechts (siehe Bildreihe).

• Partnerweise Ausführung: Ein Partner faßt mit seiner rechten Hand in das Revers und hält sich fest; er selbst wird am Arm kontrolliert. Die Fallübung wird ausgeführt, indem beide Beine mit Schwung nach vorn in die Luft geschwungen werden. Die Landung erfolgt seitwärts und entspricht etwa der Fallsituation nach einem Wurf (siehe Fotos). Wichtig sind die Hilfestellung des Partners und eine gewisse Körperspannung bei der Landung.

Fallübung vorwärts (Ma-Ukemi)
(*Ma* = gerade)

Man unterscheidet die «Fallübung vorwärts mit Aufstehen» (Fallrolle), die in dieser Form nur bei ganz wenigen Würfen gebraucht wird, und die «Fallübung vorwärts mit Liegenbleiben», die den tatsächlichen Anforderungen am besten entspricht. Diese Fallübungen werden hier mit einem Partner als Hindernis gezeigt, können aber natürlich auch ohne Partner geübt werden.

Fallrolle vorwärts

Bei der Rolle über den rechten Arm steht das rechte Bein vorn. Sie kann aus dem Stand und aus dem Laufen heraus ausgeführt werden (Foto 1).

Wichtig sind der Absprung mit dem rechten Bein und das aktive Hochschwingen des linken Beins. Der rechte Arm wird so gedreht, daß der Ellbogen nach vorn und die Finger nach hinten zeigen. Die linke Hand stützt auf der Matte ab (bei Fortgeschrittenen ohne stützende Hand). Die Rolle erfolgt über den rechten Arm. Dieser wird auf keinen Fall angewinkelt, sondern bildet einen ‹Bogen›, über den der Körper rollt. Der Kopf wird nach links gedreht; das Kinn zeigt zur linken Schulter und das rechte Ohr zur Matte (Foto 2).

Die Rolle erfolgt quer über den Rücken. Zuerst schlägt der linke Arm ab, dann berührt die Außenseite des linken Beins die Matte (Foto 3).

Durch den Schwung der Rolle und den Abdruck der linken Hand kommt man wieder zum Stand. Die Beine stehen schräg zur Fallrichtung, der rechte Fuß wieder vorn (Foto 4).

Wichtig

Der rechte Ellbogen muß während der Rolle über dem Kopf sein. Der rechte Arm liegt nicht fest auf der Matte auf; er bleibt leicht gebogen. Das Gewicht lastet nie voll auf dem Arm, sondern wird nur über den Arm ‹geschoben›. Der Rücken bleibt rund, um das Weiterrollen zum Stand zu erleichtern.

Fallübung vorwärts ‹mit Liegenbleiben›

Der rechte Arm liegt auf dem Rükken des Partners, die linke Hand stützt ab (Foto 1).

Wichtig ist die Schwungbewegung des linken Beins (Foto 2).

Nach dem Abschlagen bleibt der Körper unter Spannung, um als ‹große Fläche› aufzuprallen (Foto 3).

Die Knie dürfen nicht aufeinander schlagen (Foto 4).

‹Freier Fall›

Eine Sonderform der Fallübung vorwärts ist der sogenannte *freie Fall.* Der rechte Arm berührt dabei nicht die Matte, sondern wird unter dem Körper durchgeschwungen. Eine Fallübung dieser Art ist manchmal bei Konterwürfen nötig. Sie schult aber vor allen Dingen die Kontrolle des Körpers. Wer den freien Fall schmerzfrei übersteht, hat das Prinzip des Fallens verstanden und kann mit allen Würfen geworfen werden.

Absprung mit dem rechten und Schwungsteuerung mit dem linken Bein; der rechte Arm wird ohne Mattenberührung durchgeschwungen (Foto 1).

Der Körper dreht in der Luft zur linken Seite (Foto 2).

Der Gegenarmschlag bremst den Fall (Foto 3).

Durch die Wucht des Aufpralls federt der linke Arm nach; der Körper ist gespannt (Foto 4).

Vorübungen

• Eine wertvolle Vorübung für den freien Fall ist die Fallübung vorwärts mit Festhalten am Gürtel des Partners. Dieser kann dabei zur Unterstützung den rechten Arm festhalten. Die Übung eignet sich auch sehr gut, um die normale Fallübung vorwärts zu festigen (siehe Fotos).

• Völlig schmerzfrei erlernt man den freien Fall, wenn man auf einer dicken Turnermatte übt. Dabei geht allerdings das Gefühl für die Körperspannung verloren. Deshalb sollte man bis zum nächsten Üben auf der Matte einen Tag warten.

Technisch-taktische Handlungen im Wettkampf

Jeder Wettkampf verfolgt ein bestimmtes strategisches oder taktisches Ziel. Im Verlauf des Wettkampfs stellen sich dem Judoka bestimmte Aufgaben, die er durch Kampfhandlungen lösen muß. Deshalb ist es günstig, den Verlauf des Kampfs zu bestimmen. Die Kampftätigkeit muß so organisiert werden, daß die Kampfaufgabe in der beabsichtigten Weise gelöst werden kann (siehe Schema 4, Seite 62). Eine *Kampfhandlung* setzt sich folgendermaßen zusammen:

- Vorausdenken und Schaffen der notwendigen Ausgangsposition für eine beabsichtigte Technik oder das Nutzen einer sich zufällig ergebenden Situation. Der Judoka muß eine Übereinstimmung zwischen seinen Absichten und dem tatsächlichen Geschehen auf der Matte herbeiführen.
- Auswahl einer optimalen Variante (technisch-taktische Handlung; Wurf- oder Grifftechnik) zur Lösung der Situation.
- Durchführung der Kampfhandlung unter den Widerstandsbedingungen des Gegners.

Die Stellung der Kämpfer zueinander, ihre Faßart und die Auswahlmöglichkeit an Techniken kennzeichnen die *Kampfsituation.*

Im Kampf treten die verschiedensten Situationen auf; dementsprechend gibt es auch unterschiedliche Lösungsmöglichkeiten der jeweiligen Aufgabe. Grundsätzlich werden folgende Kampfhandlungen unterschieden:

- Angriffshandlungen
- Gegenangriffshandlungen
- Abwehrhandlungen
- Zwischenhandlungen

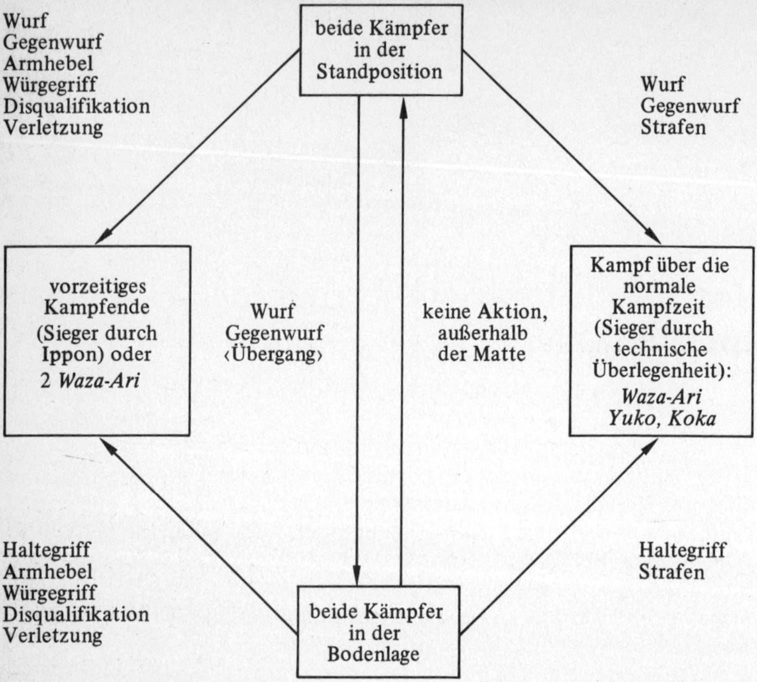

Schema 4: Wettkampf

Angriffshandlung

Die Angriffshandlung umfaßt drei Kampfoperationen, die aus der Angriffsvorbereitung, der Angriffsdurchführung und der Angriffsvollendung bestehen. Als zusätzliche Kampfoperation kann eine Angriffsweiterführung hinzukommen, wenn durch Gegenmaßnahmen ernsthafte Störungen im Ablauf der Angriffshandlung auftreten (vgl. *Schema 5*).

Die *Angriffsvorbereitung* besteht hauptsächlich darin, die für die beabsichtigte Technik nötige Faßart, Körperhaltung und das beabsichtigte Bewegungsverhalten zu erarbeiten. Ziel ist die Schaffung einer guten Ausgangsposition, um die beabsichtigte Technik anwenden zu können. Dazu gehört auch das Brechen des gegnerischen Gleichgewichts (vgl. Seite 50). Von den Japanern wird diese Phase *Kuzushi* (Balancebrechen) genannt.

Andererseits besteht die Angriffsvorbereitung in dem richtigen Nutzen einer nicht vorausgesehenen, zufällig entstandenen Kampfsituation.

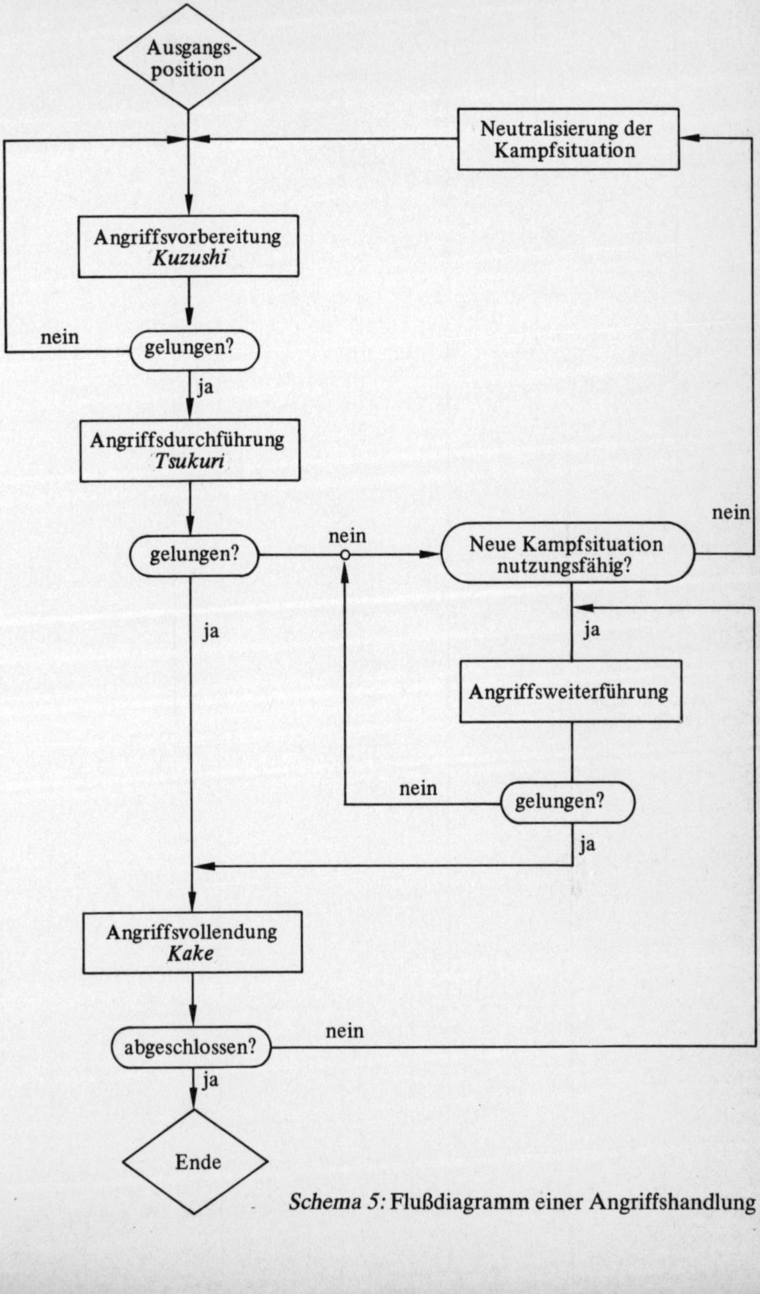

Schema 5: Flußdiagramm einer Angriffshandlung

Es kommt hierbei besonders darauf an, daß der Kämpfer diese für seinen Angriff günstige Situation möglichst frühzeitig wahrnimmt und aus der momentanen Faßart und Haltung die zur Durchführung günstige Technik auswählt.
Unmittelbar danach erfolgt die *Angriffsdurchführung*, der Eingang oder die Eindrehbewegung (*Tsukuri* = Eingang, Wurfansatz). Der Kämpfer setzt die beabsichtigte Technik an.
Die *Angriffsvollendung* soll nun das erwünschte Angriffsziel herbeiführen. Dies kann zum einen die Wurfausführung (*Kake*) sein, zum anderen eine im Stand angesetzte Grifftechnik (vgl. Seite 99ff).
Eine *Angriffsweiterführung* kann nach einer nicht ganz gelungenen Wurftechnik am Boden erfolgen (der Wurf etc. führte nicht zum *Ippon*) oder bei einer ernsthaften Störung durch eine gelungene gegnerische Abwehrmaßnahme während der Angriffsdurchführung.

Gegenangriffshandlungen
Die Gegenangriffshandlungen erfolgen analog den Angriffshandlungen; lediglich die Vorbereitung wird anders gestaltet. In diesem Fall geht es darum, direkt nach einem mißlungenen oder abgebrochenen gegnerischen Angriff den eigenen Gleichgewichtszustand zu korrigieren und für die Durchführung der eigenen Technik zu nutzen. Der Gegenangriff erfordert große Erfahrung und großes Können hinsichtlich des Erfassens der Situation, der richtigen Auswahl der Gegentechnik und des blitzschnellen Reagierens.

Abwehrhandlungen
Abwehrhandlungen sind Verteidigung gegen den gegnerischen Angriff oder Kontern des gegnerischen Angriffs (näheres siehe Kapitel «Abwehrhandlungen», Seite 102ff).

Zwischenhandlungen
Die Zwischenhandlung ist ein wesentlicher Bestandteil der Kampfesführung. Sie verfolgt verschiedene Ziele:

- Der Gegner soll bedrängt werden.
- Die gegnerischen Angriffshandlungen sollen bereits im Ansatz gestört werden.
- Voraussetzungen für eigene Angriffshandlungen sollen geschaffen werden.
- Der Gegner soll konditionell zermürbt werden.
- Der Kämpfer versucht, sich während des Kampfs von einer anstrengenden Aktion zu erholen.

Je nach Absicht muß der Kämpfer mehr offensiv oder mehr defensiv agieren.

Techniken im Stand

Angriffshandlungen im Stand – Wurftechniken

Grundlage der technisch-taktischen Handlungen in der Standposition sind die Würfe. Nach dem traditionellen japanischen System der *Gokyo* (40 Würfe in fünf Schwierigkeitsstufen) gibt es 40 Grundwürfe. Hinzu kommen noch eine ganze Reihe von Variationen und einige Würfe, die erst in jüngerer Zeit aus den Erfordernissen des Wettkampfs entwickelt wurden.

Die hier gebrauchte Systematik geht von den Gemeinsamkeiten verschiedener Würfe aus; erarbeitet werden die Unterschiede und Besonderheiten.

Solche Gemeinsamkeiten sind:

1. Die Wurfausführung nach einer vorangegangenen Körperdrehung: Der Werfer Tori wirft den Partner Uke über Hüfte oder Rücken. Er kann dabei

- fest auf beiden Beinen stehen und die Haltung des rechten Arms verändern (Foto 1)

1

2

- oder auf einem Bein stehen und Uke mit Hilfe des anderen Beins werfen (Foto 2).

3

2. Tori läßt seine Körpervorderseite Uke zugekehrt und wirft mit Hilfe seines Fußes oder Beins (Foto 3).

3. Tori läßt sich vor Uke auf den Boden fallen und wirft mit Hilfe eines Beins (Foto 4) oder durch den Schwung der Bewegung (Foto 5).

4

5

4. Eine wichtige, aber auch recht schwierige Wurfgruppe sind die Konterwürfe. Uke hat einen Wurf angesetzt; Tori benutzt den Angriff, um eine Gegentechnik auszuführen (Foto 6).

6

Anmerkung: Die Richtung des Gleichgewichtbrechens und die Wurfrichtung werden immer von Uke aus gesehen.

Eindrehtechniken auf beiden Beinen

Aus der normalen Grundhaltung heraus – bei der Uke und Tori sich frontal (von Gesicht zu Gesicht) gegenüberstehen – dreht sich Tori in eine Stellung mit dem Rücken zu Uke. Er schaut mit ihm in die gleiche Richtung. Aus dieser Position wird Uke über Toris Hüfte oder Bein hinweg nach vorn geworfen.
Tori steht bei allen Techniken dieser Gruppe auf beiden Beinen; er hat also zwei Standbeine.
Variiert wird eigentlich immer nur die Art und Weise, mit der Toris rechter Arm den Körperkontakt zu Uke herstellt.
Der Holländer Anton Geesink, Judo-Weltmeister und inzwischen anerkannter Judopädagoge, nennt diese Würfe «Spielarmwürfe». Diese Bezeichnung trifft aber nur zum Teil zu, da Toris rechter Arm nicht locker spielt, sondern sehr kräftig an dem Brechen von Ukes Gleichgewicht arbeitet.
Toris linker Arm bleibt bei allen Würfen an der gleichen Stelle. Er zieht immer am rechten Ärmel von Ukes Jacke in der Höhe des Ellbogens.
Die Beinhaltung Toris variiert ebenfalls. Zwar steht er immer auf zwei Beinen; die Fußstellung kann dabei aber eng oder weit sein und sich auch im Verhältnis zu Ukes Fußstellung verändern.
Diese Eindrehtechniken spielen, obwohl relativ einfach zu erlernen, eine gewichtige Rolle in Wett- und Übungskampf (*Randori*).

Uki-Goshi

O-Goshi

Tsuri-Goshi

Koshi-Guruma

Ippon-Seoi-Nage

Morote-Seoi-Nage

Tsuri-Komi-Goshi

Tai-Otoshi

Einzeltechnikbeschreibung der Eindrehtechniken

O-Goshi

(großer Hüftwurf)
(*O* = groß; *Goshi* = Hüfte)

Kurzbeschreibung

Tori steht mit dem Rücken zu Uke. Seine Füße stehen etwa in Schulterbreite zwischen den Füßen von Uke. Mit seinem rechten Arm greift er um Ukes Rücken und wirft diesen über seine Hüfte nach vorn.

Kuzushi

Uke macht einen Schritt links–vorwärts oder seitwärts und wird dabei nach vorn aus dem Gleichgewicht gebracht (Foto 1).

Tsukuri (normaler Eingang rechts–links)

Tori hat normal gegriffen (rechte Hand an Ukes linkem Revers, linke Hand am rechten Ärmel in Höhe des Ellbogens). Er setzt seinen rechten Fuß nach vorn vor Ukes rechten Fuß (Foto 1). Der linke Fuß wird nach hinten vor Ukes linken Fuß gesetzt. Gleichzeitig mit diesem Schritt erfolgen die Eindrehbewegung und das Umfassen mit dem rechten Arm um Ukes Rücken (Foto 2). Tori beugt die Knie, um unter Ukes Schwerpunkt zu kommen. Dabei zieht er Uke mit beiden Armen auf seine Hüfte (Foto 4).

Kake

Wenn der Kontakt zwischen Toris Hüfte und Ukes Bauch hergestellt ist, dreht Tori sich weiter nach links–vorn (Foto 5), zieht Uke mit sich und wirft ihn über die Hüfte nach vorn, indem er seine Beine streckt (Foto 6). Diese Beinstrekkung erfolgt explosiv als ein sogenannter ‹Hüftstoß›, mit dem Uke ‹hochkatapultiert› wird.

Der Fall Ukes wird von Tori aktiv unterstützt, indem er den Arm Ukes kontrolliert und festhält. Beim Auftreffen auf der Matte macht Uke eine Fallübung seitwärts (Foto 7 und 8).

Wichtig

- Uke muß so weit nach vorn aus dem Gleichgewicht gebracht werden, daß er nur noch auf den Zehenspitzen steht. Während des Eingangs muß Tori ständig mit den Armen ziehen, um Uke nicht Gelegenheit zu geben, sich wieder fest hinzustellen.
- Tori steht mit beiden Füßen – auch dem linken – zwischen Ukes Beinen. Er steht dabei so weit weg, daß er Uke beim in die Knie Gehen nicht mit seinem Gesäß nach hinten drückt.
- Tori muß Uke in großem Bogen nach vorn ziehen. Er darf dabei kein Hohlkreuz machen (Kinn auf die Brust).
- Toris Kopf wird während der Wurfausführung nach links gedreht und eilt der übrigen Körperbewegung und dem Kopf voraus.

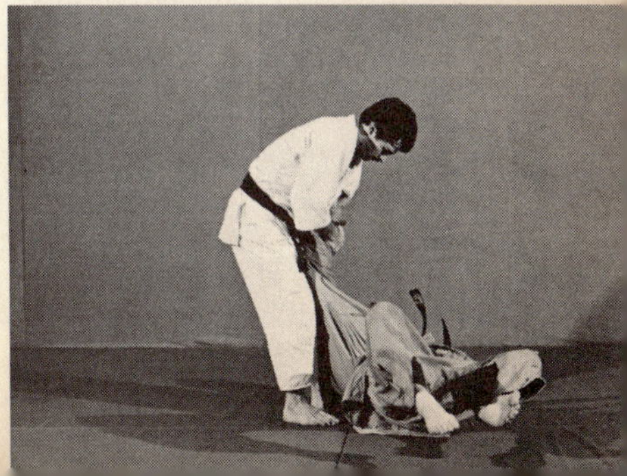

Verteidigung

- Tori senkt seine Hüfte, um Uke nicht unter seinen Schwerpunkt kommen zu lassen. Aus dieser Position kann dann auch gekontert werden (vgl. *Ushiro-Goshi*, Seite 114f).
- Tori kann ausweichen, indem er – wenn er nicht aus dem Gleichgewicht gebracht ist – einen Schritt rechts–vorwärts macht, während Uke eindreht. Ukes Hüftstoß trifft dann ins Leere (siehe auch Seite 107).

Kombinationen

- Wenn Uke seinen Schwerpunkt senkt, kann er nach hinten mit den Fußwürfen *Ko-Uchi-Gari* (siehe Seite 88) oder *O-Uchi-Gari* (siehe Seite 89) geworfen werden.

Uki-Goshi

(Hüftschwung; Foto 1)

Diese Technik ähnelt sehr dem *O-Goshi.* Wurfvorbereitung und Armhaltung sind genau gleich; die Fußstellung dagegen ist unterschiedlich. Toris rechter Fuß steht zwischen Ukes Beinen, der linke Fuß steht außen neben Ukes linkem Fuß. Durch diese Fußstellung ist auch der charakteristische Schwung bedingt. Uke wird nämlich nicht ausgehoben, sondern durch Drehen der Hüfte geworfen. Tori muß deshalb auch nicht tief in die Knie gehen. *Uki-Goshi* findet in seiner Ausführung links Verwendung als Konterwurf gegen *Koshi-Guruma:*

Tsuri-Goshi

(Hüftzug; Foto 2)

Tori greift mit seiner rechten Hand über Ukes linkem Arm hinweg in dessen Gürtel und wirft ihn über die Hüfte. Der Einsatz des linken Arms und die Beinstellung sind wie bei *O-Goshi.*

Der Wurf kann in seiner Ausführung links sehr gut als Konter gegen *O-Goshi, Tsuri-Komi-Goshi* und *Tai-Otoshi* nach vorhergehendem Ausweichen eingesetzt werden.

Wenn Tori beim Greifen von Ukes Gürtel dessen Arm mit einklemmt, spricht man von *O-Tsuri-Goshi* (großer Hüftzug). Greift er direkt unter Ukes Arm hindurch in den Gürtel, heißt die Technik *Ko-Tsuri-Goshi* (kleiner Hüftzug).

Koshi-Guruma

(Hüftrad; Foto 3)

Tori steht wie bei *O-Goshi* zwischen den Beinen des Gegners. Der rechte Arm wird um den Nacken Ukes gelegt und stellt den Oberkörperkontakt her. Die Hüfte ist weit durchgeschoben. Uke schlägt ein ‹Rad› über die Hüfte von Tori. Dessen Beine bleiben während der ganzen Wurfausführung leicht gebeugt.

1

2

3

4

Wenn Tori seine Armhaltung beibehält, kann er nach dem Wurf gleich mit dem Haltegriff *Kesa-Gatame* festhalten. *Koshi-Guruma* ist besonders bei Schülern einer der erfolgreichsten Kampfwürfe.

Ippon-Seoi-Nage
(Punktschulterwurf; Foto 4)
Toris rechter Arm wird vor Ukes Körper vorbeigeführt und unter Ukes rechten Oberarm gedrückt. Der Kontakt erfolgt an einem ‹Punkt› zwischen Toris Oberarm (nicht Schulter!) und der Unterseite von Ukes Oberarm. Ukes Gleichgewicht muß durch Zug von Toris linker Hand gut nach vorn gebrochen werden.
Die Wurfausführung erfolgt aus einer halben Kniebeuge. Ukes Brust hat Kontakt mit Rücken und Schulter von Tori. Er wird über Toris Schulter direkt nach vorn geworfen.

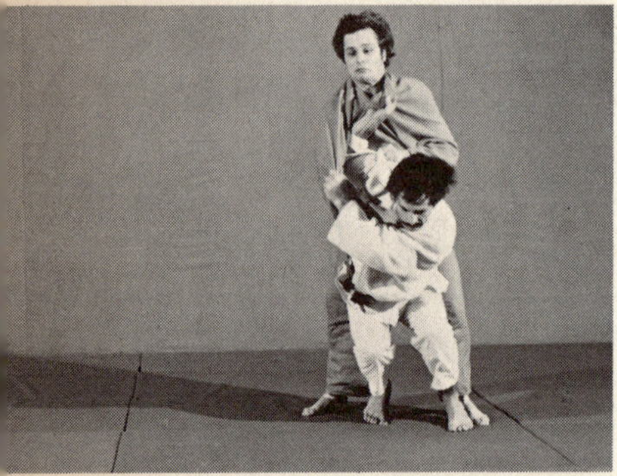

Morote-Seoi-Nage
(Schulterwurf mit beiden Armen)
Tori greift mit der rechten Hand Ukes Revers; mit der linken Hand hat er den Ärmel gefaßt. Er zieht den Oberkörper Ukes mit beiden Händen nach unten. Diesem Armzug versucht Uke sich zu widersetzen, indem er seinen Körper aufrichtet (Foto 1).
Tori läßt diese Bewegung zu und springt im gleichen Moment in den Wurf hinein (Foto 2).
Ukes Gleichgewicht wird nach vorn gebrochen. Toris rechte Hand bleibt an Ukes Revers. Während des Eindrehens schwingt er seinen rechten Ellbogen vor Ukes Körper unter dessen rechten Oberarm. Er steht zwischen Ukes Füßen; die Knie sind stark gebeugt (Foto 3).
Beim Werfen beugt Tori seinen Oberkörper nach vorn und streckt gleichzeitig die Beine (Foto 4).
Wichtig
Tori darf Uke nicht zu sich herunterziehen, sondern muß ihn fast geradlinig nach vorn ziehen. Er muß bestrebt sein, Ukes Körper aufgerichtet zu lassen.

Tsuri-Komi-Goshi
(Hebezug-Hüftwurf)
Tsuri-Komi-Goshi ist eine der wichtigsten Techniken in der Anfängerausbildung. Der Armeinsatz ist zunächst ungewohnt schwierig; er ist aber die Voraussetzung für die sehr wirksamen «Eindrehtechniken auf einem Bein». Die Grundform dieser Techniken wird immer mit dem Armzug aus *Tsuri-Komi-Goshi* ausgeführt.

Tori steht in der rechten Grundhaltung. Mit der rechten Hand zieht er so an Ukes linkem Revers, daß dieser gezwungen ist, mit seinem linken Fuß einen Schritt seitwärts zu machen (Foto 1).

Die Gegenbewegung des sperrenden Partners nutzt Tori aus, um das Gleichgewicht nach rechts–vorn zu brechen. Dabei trägt sein rechter Arm die Hauptaufgabe. In einer ‹Angelbewegung› – der gleiche ruckartige Zug, mit dem ein Angler seine Beute ‹anreißt›; Ellbogen nach unten, festgestelltes Handgelenk, die Unterseite des Unterarms zeigt nach vorn – zieht er Uke heran und setzt im gleichen Moment (Ukes linker Fuß soll gerade aufgesetzt werden) seinen linken Fuß nach hinten (Foto 2).

Uke ist nach vorn aus dem Gleichgewicht gebracht. Tori steht mit beiden Füßen zwischen Ukes Füßen. Seine Knie sind so weit gebeugt, daß er mit seinem Schwerpunkt unter Ukes Schwerpunkt steht. Der linke Arm kontrolliert Ukes rechten Arm; der rechte Arm drückt Ukes Körper nach vorn und oben. Dabei ist der Arm hinter dem Körper, was bei Ungeübten ein leichtes Schmerzgefühl im Brustmuskel und am Schulterblatt verursachen kann; der Unterarm steht fast senkrecht und liegt an Ukes Körperseite an (Foto 3).

Tori drückt mit der rechten Hand in einer großen Kreisbewegung nach vorn und wirft durch kraftvolles Strecken der Beine (Foto 4).

Tsuri-Komi-Goshi aus der Rückwärtsbewegung Toris

Ein grundsätzlich anderer Eingang ist nötig, wenn Uke stark schiebt und gerade nach vorn läuft. Um bei seinem Wurfansatz nicht überrannt zu werden, muß Tori die Geschwindigkeit von Ukes Vorwärtsbewegung durch einen größeren Abstand und eine andere Schrittfolge ausgleichen.

Wenn Uke seinen Schritt rechts–vorwärts ausführt, setzt Tori sein linkes Bein nach hinten; der Fuß zeigt dabei schon in Wurfrichtung (Foto 1).

Während Uke seinen Schritt links–vorwärts macht, vollzieht Tori seine Eindrehbewegung, indem er seinen rechten Fuß nach vorn in Laufrichtung beisetzt (Foto 2).

Durch Toris Zug mit dem rechten Arm nach vorn wird Uke gezwungen, seinen Schritt ganz auszuführen. Dabei senkt Tori seinen Schwerpunkt, indem er die Knie beugt (Foto 3).

Uke ist durch die Vorwärtsbewegung und den Armzug auf Tori aufgelaufen und wird über die Hüfte nach vorn geworfen (Foto 4).

Wichtig

Bei der ganzen Eindrehbewegung muß Uke das Gefühl haben, Tori stehe noch gerade vor ihm, das heißt: Tori muß mit seinem rechten Arm in einer Weise nach vorn ziehen, die seine Körperdrehung nicht verrät. Toris linker Arm hat nur eine Kontrollfunktion und darf nicht so stark ziehen, daß Uke bei einem Ausweichversuch Unterstützung erhält.

Tai-Otoshi
(Körperwurf)
Tai-Otoshi ist einer der erfolgreichsten Kampfwürfe. In seiner Grundform wird er nur mit dem Einsatz der Hände geworfen. Es gibt viele Variationen, die sich in Hüfteinsatz, Armhaltung (wie bei *Morote-Seoi-Nage* = *Seoi-Otoshi*), Eingangsbewegung und Richtung des Gleichgewichtbrechens unterscheiden. Bei allen Techniken aber hat Tori eine breite Fußstellung, die Ukes Körper blokkiert. Der Wurf erfolgt immer über das gestreckte, fest aufgesetzte rechte Bein Toris.
Tori hat aus der rechten Grundstellung Uke zu einem Schritt links–vorwärts gezwungen. Sein rechtes Bein steht zwischen Ukes Füßen, das linke Bein wird schwungvoll hinter den Körper gezogen (Foto 1). Der Wurfeingang erfolgt als Sprung. Dabei darf der Armzug nach vorn nicht unterbrochen werden (Foto 2).
Toris Beine sind weit gegrätscht. Sein linker Fuß steht außen neben Ukes linkem Fuß, der rechte Fuß steht auf dem Fußballen (Ferse nach oben!) neben Ukes rechtem Fuß. Das rechte Bein ist fast gestreckt, das linke Bein leicht gebeugt. Die Armhaltung erfolgt wie bei *Tsuri-Komi-Goshi* (Foto 3).
Der Wurf erfolgt im Idealfall ohne Hüfteinsatz, nur durch Druck mit dem rechten und Zug mit dem linken Arm über das blockierende rechte Bein. Dabei dreht Tori in der Endphase Kopf und Oberkörper nach links (Foto 4).

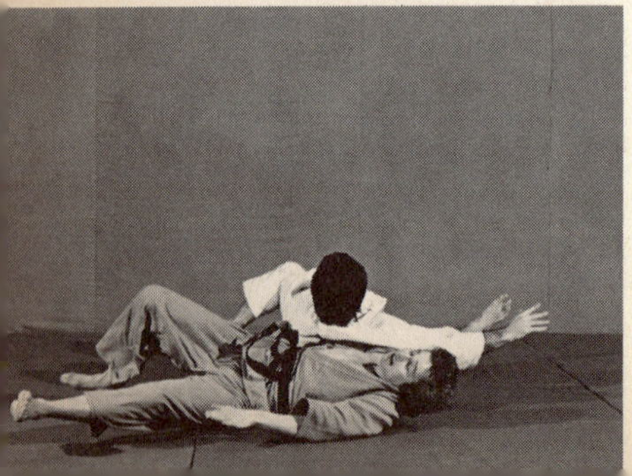

Soto-Maki-Komi
(Außendrehwurf)

Soto-Maki-Komi kann als eine Variante von *Tai-Otoshi* gelten. Die Fußstellung ist identisch; aber Toris rechter Arm hat losgelassen, und Uke wird von Toris sich drehendem Körper mitgerissen.

Im Unterschied zu anderen Würfen wird Ukes Körper bis zum Aufprall kontrolliert. Er kann sich so während des Fallens nicht abdrehen. Immer häufiger werden auch andere Würfe (wie *Uchi-Mata, Ko-Uchi-Gari* oder *Seoi-Nage*) als *Maki-Komi*-Techniken ausgeführt. Dies gibt Tori die obengenannte Kontrolle über Ukes Körper auch während des *Kake* und erlaubt einen nahtlosen Übergang zum Bodenkampf.

Toris Wurfvorbereitung erfolgt wie bei *Tai-Otoshi*. Beim Eingang läßt er seine rechte Hand los und steckt den Arm zwischen Ukes Armen durch (Foto 1).

Dadurch, daß er seinen rechten Arm gestreckt hat, kann Tori den Körper von Uke dicht an sich heranziehen, während er sich selbst weit nach links dreht (Foto 2).

Uke kann nicht über Toris sperrendes rechtes Bein hinwegsteigen und muß die Drehung mitmachen. Tori muß dabei mit seiner linken Hand Ukes rechten Arm fest heranziehen; sonst kann dieser sich aufrichten, und der Wurf mißlingt (Foto 3). – Tori hat nach dem Wurf noch immer festen Kontakt mit Ukes Oberkörper und kann aus dieser Position einen Haltegriff ansetzen (Foto 4).

Eindrehtechniken auf einem Bein

Bei allen Würfen dieser Technikgruppe steht Tori auf einem Bein (Standbein) und wirft Uke, indem er sein unbelastetes Bein hochschwingt oder als Drehachse benutzt. Die einzelnen Techniken unterscheiden sich voneinander durch die Position des Standbeins sowie durch Ansatzpunkt und Funktion des Schwungbeins.

Die Faßart ist bei der Grundform aller Würfe gleich – nämlich genau wie bei *Tsuri-Komi-Goshi* (siehe Seite 74f). Die rechte Hand Toris greift Ukes linkes Revers in Höhe des Schlüsselbeins, die Linke zieht an der Außenseite von Ukes rechtem Ärmel in Höhe des Ellbogens.

Eine Erleichterung der Ausführung wird zunächst erreicht, wenn Tori mit seinem rechten Arm um Ukes Nacken greift (in der Weise, die von *Koshi-Guruma* bekannt ist, vgl. Seite 72f). Dies geschieht vor allem deshalb, weil die *Tsuri-Komi*-Bewegung zunächst ungewohnt ist. Schulter- und Brustmuskeln müssen erst an die spezifische Bewegung und Belastung gewöhnt werden. – Diese Erleichterung sollte möglichst bald abgebaut werden.

Die Eindrehtechniken müssen auch mit dem Standardgriff beherrscht werden, da sie nur so erfolgreich mit anderen Techniken kombiniert werden können. Im Wettkampf aus taktischen Gründen dann doch mit der *hohen Faßart* anzugreifen, bleibt in die Entscheidung jedes Kämpfers gestellt.

Der Einsatz des Schwungbeins hängt von der Position des Standbeins ab. Steht das Standbein Toris zwischen Ukes Beinen, so kann er unter Ukes Schwerpunkt kommen und ihn ausheben. Das Schwungbein beschleunigt und verstärkt dann dieses Ausheben. Diese Aktion geht vom ganzen Körper aus und ist somit viel wirkungsvoller als eine Aktion, die nur mit der Hüfte ausgeführt wird (vergleiche die Eindrehtechniken auf beiden Beinen).

Dabei muß während des Eindrehens Toris Standbein gebeugt werden, um während des Wurfs durch Strecken des Beins ausheben zu können. Diese Aushebebewegung ist so wirkungsvoll, daß im günstigsten Fall der Ansatzpunkt des Schwungbeins von Uke nicht mehr gespürt wird (Foto 1, Seite 80).

Die zweite Möglichkeit, das Standbein einzusetzen, ist neben oder vor Ukes linkem Bein (bei der Ausführung nach rechts). Diese Position entspricht der Stellung des linken Beins von Tori bei der Ausführung von *Tai-Otoshi* (siehe Seite 77). Nur wird nun sein Gewicht nicht zusätzlich auf das rechte gestreckte Bein verlagert. Vielmehr bildet das rechte Bein eine Achse, über die Ukes Körper geworfen wird (Foto 2, Seite 80). Uke wird durch den Schwung von Toris Eindrehbewegung mitgerissen.

1

2

Man könnte sagen, Ukes Körper wird auf einer Kreisbahn beschleunigt. Im Mittelpunkt dieses Kreises steht Tori, von dem auch die Kraft zu dieser Bewegung ausgeht. Uke bleibt aber nur bis zu dem Moment auf der Kreisbahn, in dem er über das ihn blockierende Bein von Tori fällt. Er schlägt bildlich gesprochen ein Rad. Dies ist wohl auch der Grund, weshalb diese Techniken *Guruma* (= Rad) genannt werden.
Im Wettkampf sind die Techniken dieser Gruppe sehr wirkungsvoll. Da Tori nur auf einem Bein steht, bleibt er sehr beweglich und kann durch Umspringen oder Nachsetzen das Standbein neu postieren. Auf diese Weise kann er relativ schnell die Wurfrichtung ändern oder zu anderen Würfen kombinieren.

Ashi-Guruma
(Beinrad)

Ashi-Guruma wird mit einem bisher nicht behandelten Eingang geworfen. Es ist ein Eingang, bei dem Tori seine Beine kreuzt, dann herumspringt und wirft. Er wird bei uns auch *Kawaishi-Eingang* genannt. Kawaishi war lange Zeit als Trainer in Frankreich tätig und entwickelte ein eigenes System, Judo zu unterrichten. – Dieser Eingang wird im Unterschied zum normalen Eingang nicht mit Toris rechtem, sondern mit seinem linken Fuß begonnen.

Tori setzt seinen linken Fuß vor seinen rechten und vor Ukes linken Fuß auf die Matte. Dabei bleibt er auf dem Fußballen (Foto 1).

Aus dieser Position springt er auf dem linken Fuß herum und führt sein rechtes Bein zwischen seinem und Ukes Körper durch (Foto 2).

Tori dreht, bis er mit dem Rücken zu Uke steht, und streckt das rechte Bein vor Ukes Knie (Foto 3).

Uke wird durch den Schwung der Drehbewegung und den nicht unterbrochenen Zug von Toris Armen über das in Höhe seiner Knie blockierende Bein geworfen (Foto 4).

O-Guruma
(großes Rad; Foto 1)
Wenn Tori mit dem gleichen Eingang angreift und mit seinem rechten Bein vor Ukes Bauch blockiert, heißt die Technik *O-Guruma*. Dabei hebt Tori zusätzlich mit seinem Oberschenkel aus.
Beide Techniken lassen sich recht gut gegen einen abgebeugt stehenden, sperrenden und deswegen unbeweglichen Gegner ausführen.

Harai-Goshi
(Hüftfegen, Foto 2)
Uke ist nach rechts–vorn aus dem Gleichgewicht gebracht. Tori dreht ein. Sein linkes Bein ist das Standbein. Er zieht Uke weiter nach rechts–vorn, hebt ihn aus, indem er das Standbein streckt, und fegt im gleichen Moment mit dem Oberschenkel seines rechten gestreckten Beins nach hinten. Durch das Ausheben und Fegen gegen seine Hüfte wird Uke nach vorn geworfen.

Hane-Goshi
(Hüftwurf; *Hane* = Feder, Flügel; Foto 3).
Wie der Name schon andeutet, ist dieser Wurf sehr explosiv auszuführen. Tori springt mit stark gebeugtem Bein unter Ukes Schwerpunkt; er hat mit der ganzen rechten Körperseite Kontakt. Die Aushebebewegung wird unterstützt, indem Tori mit seinem rechten angewinkelten Bein Ukes rechtes Bein nach hinten drückt.

Uchi-Mata
(innerer Schenkelwurf; Foto 4)
Wenn Tori mit seinem Standbein zwischen Ukes Beinen steht, hat er eine dritte sehr wirksame Möglichkeit, sein Schwungbein einzusetzen. Nach den Möglichkeiten (a) von außen gegen Ukes Hüfte oder Oberschenkel (= *Harai-Goshi*) und (b) angewinkelt gegen Ukes rechtes Bein (= *Hane-Goshi*) hat er (c) die Möglichkeit, sein gestrecktes Bein zwischen Ukes Beinen hochzuschwingen.
Setzt er dabei mehr an der Innenseite von Ukes rechtem Oberschenkel an, so ist dies ein *Koshi-Uchi-Mata*, weil der Wurf hauptsächlich durch Ausheben mit der Hüfte erfolgt. Diese Technik wird vor allem von kleineren Kämpfern bevorzugt. Trifft Toris hochgeschwungenes Bein dagegen Ukes linken Oberschenkel von innen, so heißt die Technik *Ashi-Uchi-Mata*, weil das Ausheben hauptsächlich mit dem Bein an Ukes Bein erfolgt.

1

2

3

4

Uchi-Mata
aus der Kreisbewegung (I)

Uchi-Mata ist einer der beliebtesten Kampfwürfe. Dies liegt zum einen daran, daß hier der ganze Körper sehr wirkungsvoll eingesetzt werden kann, zum anderen sicherlich auch daran, daß ein einigermaßen gut angesetzter *Uchi-Mata* nur sehr schwer zu kontern ist.

Tori veranlaßt Uke durch eine Drehung seines Oberkörpers dazu, mit seinem linken Fuß einen Schritt links–vorwärts zu machen (Foto 1).

Noch bevor Uke seinen Fuß aufgesetzt hat, stellt Tori seinen linken Fuß nach hinten zwischen die Beine Ukes. Dabei zieht er Uke, der während seines Schritts ein labiles Gleichgewicht hat, zu sich heran und bricht so das Gleichgewicht nach vorn (Foto 2).

Uke wird herangezogen. Tori hebt durch Strecken des Standbeins aus und schwingt sein rechtes Bein gegen Ukes linken Oberschenkel (Foto 3).

Uke rollt seitlich von Toris hochgeschwungenem Bein (Foto 4).

Wichtig

Tori muß mit dem rechten Arm eine Gegenbewegung vollziehen. Zunächst zieht er Uke heran; während des Wurfs muß er ihn aber erst anheben und dann nach unten drücken. – Die Aushebebewegung ist gut gelungen, wenn Tori zu Abschluß der Aktion auf dem Fußballen steht.

Uchi-Mata (II)

Uchi-Mata kann sehr gut gegen einen leicht abgebeugten Gegner ausgeführt werden. Wenn Uke sich im Moment des Wurfansatzes aufrichtet und mit dem Bauch blockt, kann er zunächst nicht aus dem Gleichgewicht gebracht werden; denn Tori hat keinen Platz mehr, ihn nach vorn zu ziehen (Foto 1).
Tori hält den Körperkontakt aufrecht. Er setzt nun aber sein Standbein nicht nach hinten, sondern von Uke weg nach vorn (Foto 2).
Der Fuß wird gleich in Wurfrichtung verdreht. Durch diesen großen Schritt von Uke weg hat Tori nun doch genügend Platz, Uke weiter an sich heranzuziehen, um so sein Gleichgewicht zu brechen (Foto 3).
Bei der Wurfausführung rollt Uke nach der Seite über Toris hochgeschwungenes rechtes Bein (Foto 4).

Wichtig
Wenn Tori zum Wurfauftakt sein rechtes Bein fest vor Uke aufsetzt, merkt er, wie dieser reagiert. Bleibt er in seiner leicht gebeugten Haltung stehen, wird das linke Bein im Halbkreis nach hinten gesetzt und normal geworfen. Blockt Uke dagegen mit dem Bauch, kann die Technik wie beschrieben weitergeführt werden.

Fußwürfe (Ashi-Waza)

Bei allen Fußwürfen bleibt Toris Körpervorderseite Uke zugewandt. Tori steht auf einem Standbein und wirft Uke mit Hilfe seines unbelasteten Arbeitsbeins.

Alle Fußwürfe können mit der normalen Faßart ausgeführt werden: Toris rechte Hand an Ukes linkem Revers, die linke Hand am rechten Ärmel.

Es gibt für Tori zwei verschiedene Möglichkeiten anzugreifen:

1. Uke steht fest auf einem Bein.

Tori kann ihn auf drei verschiedene Weisen werfen:

(a) indem er das belastete Bein wegschlägt oder *wegsichelt* (*Gari* = Sichel), und zwar mit seiner Beinrückseite (= große Bewegung; *O* = groß) oder seiner Fußsohle (= kleine Bewegung; *Ko* = klein). Uke fällt dann auf die Stelle, auf der sein Fuß stand;

(b) indem er sein Bein *einhängt* und Uke über das Bein drückt, so daß Uke von der Stelle wegfällt, auf der sein Fuß stand (*Gake* = einhängen);

(c) indem er die Vorderseite von Ukes Bein *blockiert* (stoppt) und durch Armzug wirft.

Bei ‹Sicheln› und ‹Einhängen› fällt Uke immer nach hinten, bei ‹Stoppen› nach vorn.

2. Uke macht einen Schritt.

Tori kann werfen, indem er das sich bewegende Bein mit der Fußsohle weiter in Richtung der Bewegung transportiert (*Barai* = Fegen). Uke fällt dabei auf die Seite.

O-Soto-Gari

(große Außensichel)

O-Soto-Gari gehört zu den erfolgreichsten Kampfwürfen überhaupt. Das Standbein Ukes wird von außen mit Toris Bein in einer großen Bewegung weggesichelt. Dabei schlägt Tori sein Arbeitsbein in einer großen Bewegung von vorn nach hinten. Uke fällt auf die Stelle, an der vorher sein Standbein aufsetzte. Tori läuft allerdings Gefahr, gekontert zu werden, wenn er beim Ansatz den Oberkörper nach hinten gebeugt hat (mit ‹Hohlkreuz› ansetzt). Das Kinn muß deshalb während des ganzen Wurfs auf die Brust gepreßt werden. Japanische *O-Soto-Gari*-Spezialisten üben, indem sie mit dem Kinn ein Stück Papier einklemmen, daß bei der Wurfausführung nicht herunterfallen darf.

Uke hat sein rechtes Bein belastet. Tori drückt ihn auf dieses Bein und stellt sein linkes Bein neben Ukes rechten Fuß (Foto 1).

Tori bricht Ukes Gleichgewicht nach rechts–hinten (Ukes linker Fuß ist entlastet) und holt mit seinem rechten Bein Schwung (Foto 2).

Ukes Gleichgewicht ist völlig gebrochen (Tori drückt gegen den Hals). Tori sichelt mit seinem rechten Bein Ukes rechtes Bein (Standbein) von außen weg (Kniekehle in Kniekehle) (Foto 3).

Uke fällt; Tori bewahrt dabei sein Gleichgewicht (Foto 4).

Ko-Uchi-Gari

(kleine Innensichel)

Es ist im Wettkampf sehr schwer, für *Ko-Uchi-Gari* einen vollen Punkt zu bekommen. Der Wurf ist trotzdem beliebt und wird als Eröffnungstechnik und in Kombinationen angewandt. Auch um in die Bodenlage überzugehen, ist *Ko-Uchi-Gari* geeignet, da die schwungvolle und schnelle Ausführung meist mit einem Mitfallen Toris endet.

Uke wird auf sein rechtes Bein gestellt. Dazu zieht Tori mit seinem linken Arm stark nach unten und drückt mit seiner rechten Hand gegen Toris Kopf. Der Unterarm drückt von vorn gegen die Brust, der Ellbogen liegt auf Ukes Magen (Foto 1).

Tori sichelt von innen mit seiner rechten Fußsohle Ukes rechtes Bein weg. Die Sichelbewegung erfolgt in die Richtung, in die Ukes Fuß zeigt. Der Kontakt erfolgt mit Fußsohle gegen Ferse (Foto 2).

Toris Körper darf nicht abknicken. Er muß Uke während der Wurfausführung ständig auf den gesichelten Fuß ziehen und ihn dabei mit dem ganzen Körper umdrükken (Foto 3).

Durch den Schwung der Wurfausführung fällt Tori auf Uke und kann zu einem Haltegriff nachgehen (Foto 4).

O-Uchi-Gari
(große Innensichel)

O-Uchi-Gari wird im Wettkampf immer beliebter; vor allem sperrende Gegner können gut geworfen werden. Viele Kombinationen werden mit *O-Uchi-Gari* als erstem oder zweitem Wurf ausgeführt. Die Wurfidee ist ein belastendes, stehendes Bein Ukes mit einer großen Bewegung (Einsatz der Beinrückseite) von innen wegzusicheln. Uke fällt nach hinten. Tori hat mit der ganzen Körpervorderseite Kontakt.

Tori greift mit seiner rechten Hand höher als normal. Er zwingt Uke durch Zug mit seiner linken Hand zu einem Schritt rechts–vorwärts (Foto 1).

Während Uke seinen Schritt rechts–vorwärts macht, drückt Tori ihn nach hinten und setzt mit der Rückseite seines rechten Beins an Ukes linkem stehendem Bein den Wurf an (Foto 2).

Tori sichelt Ukes linkes Bein mit einer kräftigen Bewegung (er zieht sein linkes Bein wieder heran) und drückt Uke mit seinem rechten Arm nach hinten und unten (Foto 3).

Uke fällt auf seine linke Seite. Oft fällt Tori mit, um ein Abdrehen Ukes zu vermeiden (Foto 4).

Ashi-Gake
(Bein einhängen)

Ashi-Gake ist eine wirksame Kampftechnik, die sich verschieden einordnen läßt. Entstanden ist sie aus einem Ansatz von *Sasae-Tsuri-Komi-Ashi* nach Ukes linker Seite.

Uke wird auf seinem linken Fuß fixiert, und Tori ist mit seinem Standbein neben Ukes linken Fuß gesprungen (Foto 1)

Er drückt Uke weiterhin auf dessen linken Fuß und hängt den Spann seines rechten Fußes hinter Ukes Ferse. Das Knie ist neben Ukes Knie (Foto 2).

Tori zieht Uke an sich heran, läßt sich nach hinten fallen und hebt Ukes Bein an. Uke verliert so seinen Stand (Foto 3).

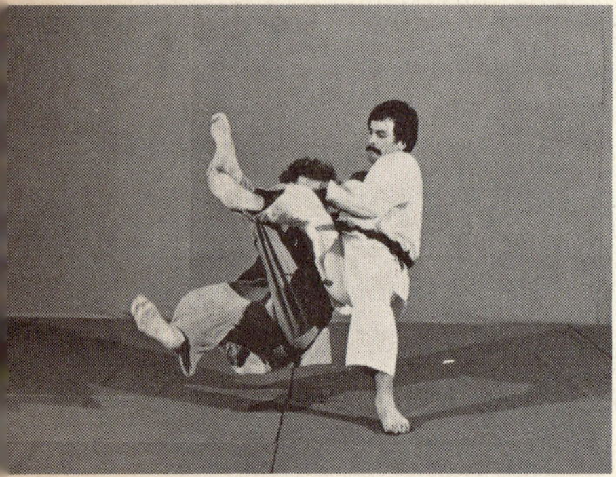

Tori dreht sich während des Wurfs nach rechts und greift sofort mit einer Bodentechnik an (Foto 4).

Diese Technik kann sowohl bei den *Maki-Komi*-Techniken (siehe Seite 78) eingeordnet werden als auch bei den Sicheltechniken. Würde Tori sich nicht mitfallen lassen, könnte man den Wurf auch mit *Ko-Soto-Gari* (kleine Außensichel) oder *Ko-Soto-Gake* (kleines Einhängen) bezeichnen.

Sasae-Tsuri-Komi-Ashi
(Hebe-Stütz-Fußhalten)
Uke wird zu einer Vorwärtsbewegung veranlaßt. Tori blockt das nach vorn kommende Bein Ukes und wirft durch seinen Armzug und eine Körperdrehung nach links. Entscheidend ist der koordinierte Einsatz der Arme. Tori zieht mit seiner linken Hand und hebt/stützt mit seiner rechten Hand.

Wird Ukes Fuß nicht wie abgebildet am Schienbein, sondern am Knie blockiert, spricht man von *Hiza-Guruma* (Knierad).

Mit einem Schritt rechts–seitwärts und Zug mit der linken Hand zwingt Tori den Uke zu einer Vorwärtsbewegung (Foto 1).

Ukes nach vorn kommendes Bein wird mit der Fußsohle am Schienbein blockiert. Toris linke Hand zieht in Wurfrichtung (Foto 2).

Durch Heben mit der rechten und Ziehen mit der linken Hand wird Uke über das blockierende Bein geworfen (Foto 3).

Uke fällt auf seine linke Seite (Foto 4).

Wichtig
Toris Körper muß während der Wurfausführung gestreckt bleiben. Die Position von Toris Standbein hängt von seiner Körpergröße ab: Wenn er klein ist, muß er mehr zwischen Ukes Beinen stehen. Ist Tori größer als Uke, muß das Standbein neben Ukes Beinen stehen.

O-Uchi-Barai

(großes Innenfegen)

Diese Technik wird auch mit *O-Uchi-Gari* bezeichnet, obwohl Ukes linkes Bein angegriffen wird, solange es in der Luft ist bzw. in dem Moment, wenn der Fuß aufgesetzt werden soll. Tori ‹verlängert› dabei Ukes Schritt. Für Uke fühlt sich der Wurf so an, als ob er auf einer Bananenschale ausrutscht. Auch *Ko-Uchi-Gari* kann als *Ko-Uchi-Barai* ausgeführt werden.

Tori hat normal angefaßt und veranlaßt Uke zu einem Schritt links–vorwärts (Foto 1).

Während Uke seinen Schritt macht, zieht Tori ihn noch heran und beginnt schon die Fegebewegung mit seinem rechten Bein (Foto 2).

Uke wird am Aufsetzen seines Fußes gehindert, indem Tori Ferse gegen Ferse einhängt und den Schritt verlängert. Dabei drückt er mit seinem Körper und dem rechten Arm Uke in die Fallrichtung (Foto 3).

Uke ist, weil er sein Gewicht schon auf seinen linken Fuß verlagert hat und diesen nicht aufsetzen kann, völlig aus dem Gleichgewicht gebracht. Durch Toris Druck mit dem rechten Unterarm und Körper fällt er (Foto 4).

Okuri-Ashi-Barai
(Fußnachfegen)
Ukes Fuß kann gefegt werden, wenn er einen Schritt macht und gerade den Fuß absetzen will, ihn also belastet. Tori fegt immer mit seinem linken Fuß gegen Ukes rechtes Bein.

Macht Uke einen Schritt links–seitwärts, unterstützt Tori diese Bewegung durch seinen Armzug. Er kann Uke auch aktiv in eine Kreisbewegung ziehen (Foto 1).

Wenn Uke sein rechtes Bein beistellen will, wird der Fuß durch Toris Fegebewegung beschleunigt und gegen den anderen Fuß gedrückt. Tori hebt dabei Ukes Körper mit beiden Armen aus (Foto 2).

Uke ‹schwebt› durch diese Fegebewegung zur Seite (Foto 3).

Da hauptsächlich die Beine beschleunigt werden, genügt ein Nach-unten-Ziehen Toris mit dem linken Arm, um zu werfen (Foto 4).

Wichtig
Fußfeger stellen hohe Anforderungen an das Koordinationsvermögen Toris, da er den richtigen Moment für den Wurf erspüren und seine sowie Ukes Bewegungen sehr gut aufeinander abstimmen muß.

Wird Uke bei einem Rückwärtsschritt geworfen, heißt die Technik *Harai-Tsuri-Komi-Ashi* (Hebezug-Fußfegen). Macht Uke einen Schritt nach vorn, ist es ein *De-Ashi-Barai* (vgl. Seite 119).

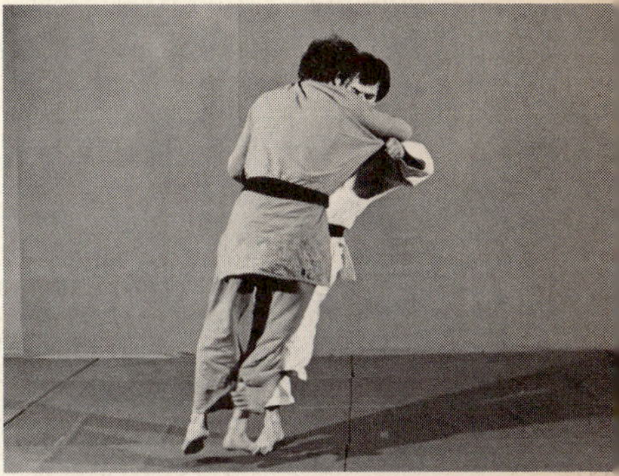

Selbstfallwürfe

In Japan werden Selbstfallwürfe *Sutemiwaza* genannt (*Sutemi* = sich selbst in Gefahr begeben; *Waza* = Techniken). Frei übersetzt werden sie als ‹Opferwürfe› bezeichnet, weil Tori sein eigenes Gleichgewicht ‹opfert› (sich vor Uke auf die Seite oder Rücken fallen läßt), um werfen zu können. Dem klassischen Judoprinzip «Siegen durch Nachgeben» kommen diese Techniken wohl am nächsten. Tori läßt sich vor dem schiebenden Uke auf den Boden fallen und wirft ihn – je nach Technik – mit dem eigenen Schwung oder dadurch, daß er ein Bein zu Hilfe nimmt.

Tomoe-Nage

(Kopfwurf)

Tomoe-Nage ist ein spektakulärer Wurf gegen Gegner, die stark nach vorn schieben oder in einer abgebeugten Haltung kämpfen. Tori leistet Widerstand und läßt sich dann auf den Rücken fallen, um Uke zuerst ins Leere laufen zu lassen. Erst dann wird geworfen. Besonders gute Bodenkämpfer benutzen diese Technik, da sie am Boden sofort weiter angreifen können.

Der abgebeugte Uke wird durch Druck nach hinten zu einer Gegenreaktion veranlaßt (Foto 1).

Wenn Uke schiebt, setzt Tori ihm den rechten Fußballen auf den Bauch und läßt sich möglichst schnell und weit unter seinen Körper fallen. Beide Hände ziehen Uke nach vorn und oben (Foto 2).

Gleichzeitig mit dem Zug der Hände streckt Tori sein vorher angewinkeltes Bein und wirft Uke über den Kopf. Mit den Händen wird Uke über den Kopf parallel zur Matte gezogen und in der Endphase des Wurfs abgestützt (Foto 3).

Tori hält Ukes rechten Arm fest, um ihn am Durchrollen und Aufstehen zu hindern. Er geht sofort zu einer Grifftechnik nach (Foto 4).

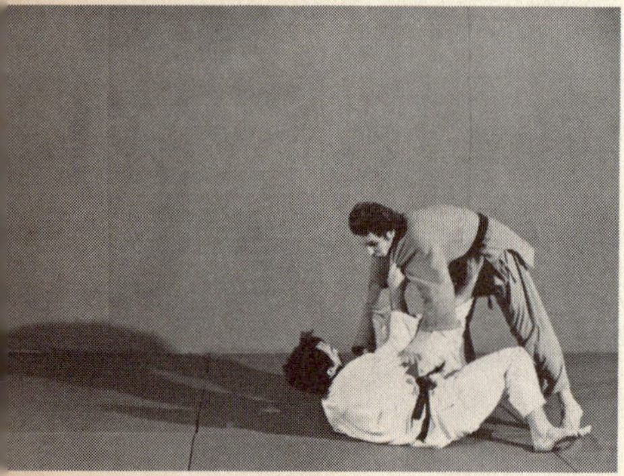

Yoko-Tomoe-Nage
(seitlicher Kopfwurf)

Yoko-Tomoe-Nage ist eine relativ neue Technik, die erst in den letzten fünf Jahren bekannt wurde; sie hat auch bei Weltmeisterschaften zu entscheidenden Vorteilen geführt.

Mit dem normalen *Tomoe-Nage*, bei dem Tori mit einer rechten Faßart greift, sein rechtes Bein ansetzt und sich vor Uke gerade auf den Rücken fallen läßt, hat diese Technik nicht mehr viel gemein. Auch kann sie im Kampf häufiger angewendet werden und ist sehr viel aggressiver in der Vorbereitung.

Tori hat einen rechten *Tai-Otoshi* (siehe Seite 77) vorgetäuscht und geht wieder aus dem Wurf heraus (Foto 1).

Mit der normalen Faßart setzt Tori seinen *linken* Fuß quer auf Ukes Gürtelknoten. Mit der rechten Hand zieht er Uke nach vorn (Foto 2).

Tori läßt sich auf den Rücken fallen. Sein rechter Fuß steht *vor* Ukes linkem Fuß (Foto 3).

Tori streckt sein linkes Bein und wirft Uke nach vorn (Foto 4).

Wichtig

Tori muß während des ganzen Wurfs stark mit der rechten Hand nach vorn ziehen.

Uki-Waza
(Rückfallzug)
Uki-Waza kann im Kampf sehr wirkungsvoll sein. Uke wird durch eine Zugbewegung aus dem Gleichgewicht gebracht. Diese Zugbewegung ist die wesentliche Voraussetzung für den Wurf. Man kann sie fast als Schleuderbewegung bezeichnen, die bis in die Bodenlage führt.
Tori hat einseitig gegriffen. Seine linke Hand faßt Ukes rechtes Revers, die rechte Hand den rechten Ärmel. Tori leitet die Drehung Ukes mit einem Schritt links–vorwärts ein. Durch die Faßart kann er Ukes Bewegung sehr gut kontrollieren (Foto 1).
Toris rechter Fuß bildet den Mittelpunkt eines Kreises, auf dessen Peripherie Ukes Körper beschleunigt wird (Foto 2).
Tori läßt sich in einer spiralförmigen Bewegung zu Boden fallen. Er muß Uke so stark wie möglich mitziehen (Foto 3).
Tori läßt sich auf die linke Seite fallen und schleudert Uke über das ausgestreckte linke Bein. Uke fällt mit einer Vorwärtsfallübung (Foto 4).
Wichtig
Tori darf den Zug seiner Arme nicht unterbrechen, da Uke fällt; denn er kann mit seinen Beinen die Beschleunigung, die sein Oberkörper erfährt, nicht ausgleichen.

Angriffsformen mit Wurftechniken

1. Direkter Angriff: Tori führt den direkten Angriff aus, indem er *Kuzushi*, *Tsukuri* und *Kake* durchführt. Diese Formen sind gegen einen stehenden oder sich bewegenden Gegner möglich.

2. Fortlaufender Angriff: Der direkte Angriff wird mit der gleichen Technik weitergeführt.

3. Angriff–Reaktion–Angriff: Tori wendet verschiedene Würfe an, deren Eingangsbewegungen ähnlich sind, die aber in verschiedene Richtungen geworfen werden.
Tori greift mit einem direkten oder fortlaufenden Angriff an. Uke reagiert sehr stark und kann nicht geworfen werden.
Tori greift erneut an. Uke reagiert wie beim ersten Angriff. Da sich die Eingangsbewegungen gleichen, wird er mit der anderen Technik geworfen (Beispiel *Uchi-Mata I* und *II*, Seite 84 und 85).

4. Kombination (Verkettung zweier Techniken): Tori greift an und nutzt Ukes Abwehr für eine zweite Technik aus.
Beim Blocken wird er in die Richtung geworfen, in die er blockt. Beispiel: Ansatz von *Tsuri-Komi-Goshi* – Uke blockt – Tori wirft mit *O-Uchi-Gari*.
Beim Ausweichen wird erneut mit der gleichen oder einer anderen Technik angegriffen. Beispiel: Angriff mit *Tai-Otoshi* – Uke weicht aus und wird mit *Uchi-Mata* oder *Tai-Otoshi* geworfen.
Bei den Kombinationen gibt es wiederum verschiedene Möglichkeiten:

- Zur gleichen Seite hin wird zweimal derselbe Wurf ausgeführt, nachdem Uke auf den ersten Angriff reagieren konnte (*Tai-Otoshi/Tai-Otoshi*).
- Es wird versucht, Uke mit der gleichen Technik nach beiden Seiten zu werfen. (*Sasae-Tsuri-Komi-Ashi* erst links, dann rechts.)
- Mit zwei unterschiedlichen Techniken wird in die gleiche Richtung geworfen (nach hinten mit *O-Uchi-Gari/Ko-Uchi-Gari*).
- Fußwurf nach hinten und Eindrehtechnik nach vorn (*O-Uchi-Gari/Seoi-Nage*).
- Eindrehtechnik nach vorn und Fußwurf nach hinten (*Uchi-Mata/Ko-Uchi-Gari*).

Im Mittelpunkt der Kombinationsverbindungen steht immer die Spezialwurftechnik, das heißt jene Technik, die Tori am liebsten und erfolgreichsten im Wettkampf anwendet.

5. Finte: Tori simuliert einen Angriff, um eine Reaktion von Uke zu provozieren; erst dann greift er richtig an (siehe auch «zur Taktik», Seite 189f).

Zu den sanften Künsten der Verteidigung . . .

. . . gehört auch – man verstehe es nicht falsch! – der richtige Umgang mit Geld.
Geld ist geeignet, allerlei Angriffe abzuwehren. Und wie sanft diese Art der Verteidigung sein kann, geht schon daraus hervor, daß es dem, der mit Geld um sich wirft, mehr weh tut als dem, den es trifft.
Wie alle Mittel der Verteidigung muß auch das Geld ständig und vorsorglich gepflegt werden.

Angriffshandlungen im Stand – Grifftechniken

In der Standposition hat man außer den Angriffs- und Konterwürfen noch eine dritte Möglichkeit, um zum Sieg zu kommen, indem man eine Grifftechnik ansetzt. Von den drei Arten der Grifftechniken (Haltegriff, Armhebel, Würgegriff) sind nur Armhebel und Würgegriffe anwendbar, da der Gegner für einen Haltegriff auf dem Rücken liegen muß.
Eine Grifftechnik im Stand angesetzt, muß (laut Wettkampfregel) bei einem Armhebel «im Stand erkennbar sein, und am Boden muß gleich Wirkung eintreten». Bei einem Würgegriff muß «die Wirkung am Boden gleich eintreten. Tritt die Wirkung am Boden nicht sofort ein, so erfolgt durch den Kampfrichter ‹Matte› (= Lösen), es sei denn, der Angegriffene greift seinerseits sofort an. Dreht der Angegriffene sich heraus, so kann der Angreifer weiterkämpfen.»
Der taktische Wert dieser «Grifftechniken aus der Standposition» liegt hauptsächlich im Überraschungseffekt.

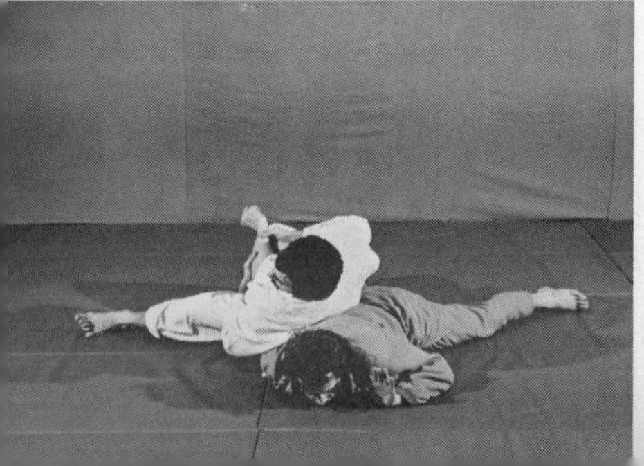

Armhebel Waki-Gatame aus dem Stand

(Hebel mit der Körperseite, siehe Seite 152)

Uke will mit seiner rechten Hand Toris linkes Revers greifen. Tori fegt den Arm mit einem Griff zum Handgelenk ab (Foto 1).

Tori zieht an Ukes rechtem Handgelenk und bringt ihn nach vorn aus dem Gleichgewicht (Foto 2).

Tori klemmt den Arm ein und drückt mit einer Körperseite von hinten gegen Ukes Ellbogen, während er sich zu Boden fallen läßt (Foto 3).

Am Boden wird Ukes Arm mit der Körperseite blockiert und gehebelt (Foto 4).

Armhebel Ude-Gatame aus dem Stand

(von hinten gegen den Ellbogen drücken; siehe Seite 151)

Uke hat mit der rechten Hand zu hoch gegriffen und einen schlecht vorbereiteten Wurfansatz nach vorn versucht. Tori drückt mit beiden Händen von hinten gegen den Ellbogen. Ukes Handgelenk wird mit dem Kopf eingeklemmt (Foto 1).

Tori drückt gegen den Arm und zwingt Uke zu Boden, indem er nach hinten ausweicht und sich bückt. Wenn Uke auf dem Bauch liegt und nicht mehr nachgeben kann, tritt die Wirkung des Hebels ein (Foto 2).

Verteidigung

Diese Armhebel sind nur möglich, wenn der Arm gestreckt ist. Als Gegenwehr muß der Arm folglich angewinkelt und weggezogen werden.

1

2

Würgegriff Ryo-Te-Jime aus dem Stand
(ohne Kreuzen der Arme würgen; siehe Seite 155)
Uke steht leicht abgebeugt. Tori hat mit beiden Händen Ukes Revers gegriffen. Mit der rechten Hand (Daumen außen) muß tief in den Kragen gegriffen werden. Die linke Hand faßt normal in Höhe des Schlüsselbeins (Foto 1).
Tori dreht sich nach links vor Uke, überkreuzt seine Arme und drückt die Handgelenke gegeneinander. Dabei hängt er sich an Uke und zieht ihn zu Boden (Foto 2).

Verteidigung
Nicht in Doppelreversfassung greifen lassen oder die Drehung mitmachen und mit *Tate-Shiho-Gatame* festhalten (siehe Seite 139).

1

2

Abwehrhandlungen im Stand – Verteidigung und Konter

Als Abwehrhandlungen gegen einen gegnerischen Angriff sind zwei verschiedene Kampfoperationen mit grundsätzlich verschiedenem Abschluß möglich: *Verteidigung* und *Konter*. Beim Durchführen einer Verteidigung werden Angriffs- und Gegenangriffshandlungen des Gegners neutralisiert.
Es sind zumeist einfache Bewegungen, mit denen eine Verteidigung erreicht wird.

Geeignete Mittel sind

1. in der Phase der *Angriffsvorbereitung (Kuzushi)* des Gegners:
- Ändern der Laufrichtung
- Ändern des Bewegungstempos
- Ändern der Faßart (*Kumi-Kata*)
- Ändern der Körperhaltung

2. in der Phase der *Angriffsdurchführung (Tsukuri)* des Gegners:
- Abblocken = Verlagerung des Körperschwerpunkts nach unten, nach vorn oder nach hinten
- Ausweichen = Verlagerung des Körperschwerpunkts zur Seite (in Richtung oder entgegen der Eindrehbewegung des Angreifers), Wegstellen des angegriffenen Beins
- Übersteigen = das angegriffene Bein entlasten und damit das angreifende oder blockierende Bein umgehen
- direkter Konter (direkter Gegenangriff) = Uke greift an, Tori blockt ab und wirft im gleichen Moment
- indirekter Konter (indirekter Gegenangriff) = Uke greift an, Tori verteidigt durch Ausweichen oder Übersteigen und greift dann selbst mit einem Wurf an

Unter einem *Konter* versteht man die Übernahme des gegnerischen Angriffs für die Durchführung einer eigenen Technik. Dem Konter geht immer eine erfolgreiche Verteidigung voraus (siehe *Schema 6,* Seite 104: Flußdiagramm).

3. in der Phase der *Wurfausführung (Kake)* des Gegners:
- Abdrehen = während des Fallens versuchen, durch eine Körperdrehung auf den Bauch zu fallen
- Abstützen = um dem gegnerischen Wurf die Kraft oder den Schwung zu nehmen, stützt sich der Geworfene mit einer Hand auf der Matte ab, bevor der Körper aufprallt

Mit diesen Maßnahmen wird die Aktion des Gegners entwertet, da bei erfolgreicher Ausführung die Kriterien für einen *Ippon* («mit Kraft und Schwung auf den Rücken werfen») nicht mehr gegeben sind. Eine solche Verteidigung ist relativ gefährlich, da sie den wichtigsten Regeln der Fallschule widerspricht.

4. in der Phase der *Angriffsweiterführung* am Boden:
- Einnehmen einer Verteidigungsposition
- Versuchen, sofort selbst anzugreifen
- Neutralisieren der Kampfsituation durch Aufstehen

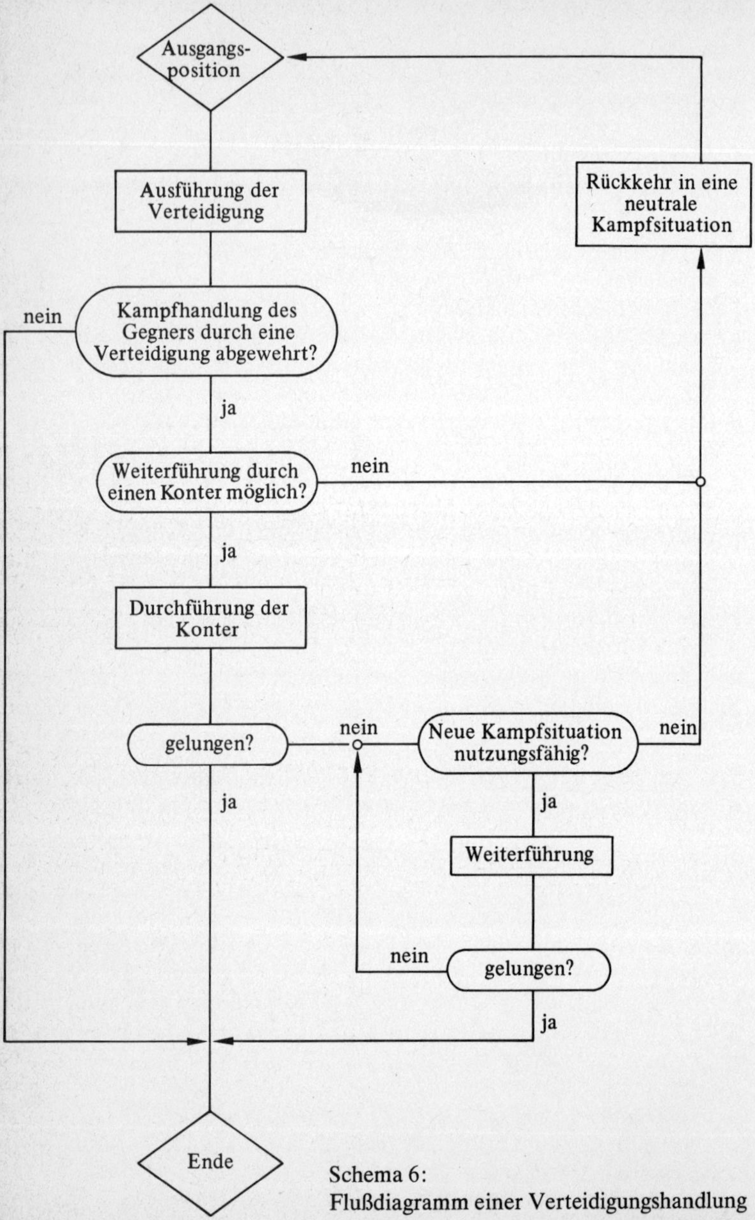

Schema 6:
Flußdiagramm einer Verteidigungshandlung

Verteidigung

Verteidigung durch ‹Abblocken›
1. gegen Eindrehtechniken
auf beiden Beinen und auf einem Bein

Der Gegner greift mit *Ashi-Guruma* an (Foto 1).
Während der Eindrehbewegung dreht der Angegriffene seine Hüfte in der gleichen Richtung mit. Durch Aufrichten des Oberkörpers und Vorschieben der Hüfte wird der Schwerpunkt nach vorn verlagert. Der rechte Arm wird losgerissen, der Kopf mitgedreht; die linke Hüfte blockt die Hüfte des Angreifers ab (Foto 2 und 3).
In dieser Phase steht der Angegriffene völlig aufrecht und hat ein stabiles Gleichgewicht. Der Angreifer prallt förmlich gegen ihn, da sein Hüfteinsatz gegen einen weiter hinten liegenden Schwerpunkt gerichtet war, und steht in einer labilen Position (Foto 4).

Wichtig
Beim Losreißen des rechten Arms zeigt der Ellbogen nach oben.

2. gegen einen Fußstoppwurf oder einen schlecht vorbereiteten Fußfegewurf
Der Gegner greift mit *Sasae-Tsuri-Komi-Ashi* an (Foto 1).
Der Verteidiger dreht seinen Körper in Zugrichtung mit nach rechts. Dabei schiebt er mit dem Knie seines nicht angegriffenen Beins das angreifende Bein weg (Foto 2 und 3).
Wichtig
Die Drehung wird aktiv mit der Hüfte ausgeführt.

3. gegen die Selbstfalltechnik *Tomoe-Nage*
Wenn der Angreifer seinen rechten Fuß angesetzt hat und sich auf den Rücken fallen läßt, verlagert Tori seinen Schwerpunkt nach hinten–unten, indem er in die Knie geht (Foto 4).

Verteidigung durch ‹Ausweichen›

1. gegen Eindrehtechniken

Der Angreifer will mit *Koshi-Guruma* werfen (Foto 1).

Der Angegriffene stützt sich mit seiner linken Hand auf der Hüfte ab und macht die Eindrehbewegung mit (Foto 2).

Der Hüftstoß, der zum Wurf führt, geht ins Leere. Tori benutzt ihn, um vollends an Uke vorbeizugehen (Foto 3).

Der Angriff ist abgewehrt, eine neutrale Kampfsituation hergestellt (Foto 4).

Wichtig

Tori muß die Angriffsbewegung Ukes frühzeitig erspüren. Durch einen Schritt vorwärts–seitwärts wird das Ausweichen der Hüfte unterstützt (vgl. Foto 3 und 4).

Der Angreifer will mit *Ippon-Seoi-Nage* werfen (Foto 1).

Tori erkennt die Eindrehbewegung frühzeitig. Durch einen Schritt links–seitwärts verschiebt er seinen Schwerpunkt und läßt den Hüftschwung des Angreifers ins Leere gehen. Die Ausweichbewegung erfolgt entgegen der Eindrehbewegung Ukes (Foto 2).

Durch den Schwung seines Angriffs rutscht Uke unter Toris Arm durch (Foto 3).

2. gegen Fußwürfe

Der Angreifer versucht mit *O-Soto-Gari* zu werfen (Foto 1). Tori dreht den Körper nach rechts und stellt das angegriffene Bein weg. Gleichzeitig richtet er seinen Körper auf und widersteht Ukes Gleichgewichtsbrechung (Foto 2).

1

2

3. gegen die Selbstfalltechnik *Tomoe-Nage*

Wenn der Angreifer sich auf den Rücken fallen läßt, macht Tori einen Schritt links–vorwärts und dreht die Hüfte. Ukes Fuß tritt ins Leere (Foto 3).

3

Verteidigung durch ‹Übersteigen›

1. gegen die Eindrehtechnik *Tai-Otoshi*

Der Gegner greift mit *Tai-Otoshi* an (Foto 1).

Tori wird nach vorn aus dem Gleichgewicht gebracht und steigt, um wieder in eine stabile Position zu kommen, mit dem rechten Bein über das ihn blockierende rechte Bein Ukes (Fotos 2 bis 4). Er gibt damit dem Zug von Ukes linker Hand nach.

2.1. gegen Fußwürfe

Uke greift mit *Ko-Uchi-Gari* an (Foto 1).

Tori macht im Moment des Angriffs mit dem linken Bein einen Schritt nach hinten und hebt dabei das angegriffene rechte Bein an (Foto 2).

Tori steigt mit seinem angegriffenen rechten Bein über Ukes rechtes Bein weg (Foto 3).

Tori stellt sein rechtes Bein nach hinten. Er hat nun einen sicheren Stand, während Uke durch den Schwung seines Angriffs aus dem Gleichgewicht gebracht ist (Foto 4).

2.2. gegen Fußwürfe

Uke greift mit *O-Uchi-Gari* an (Foto 1).

Tori macht mit seinem rechten Bein einen Schritt nach hinten, um sein Gleichgewicht zu stabilisieren (Foto 2).

Tori kann aus seiner neuen Position heraus das angegriffene Bein anheben und über das angreifende Bein steigen (Foto 3).

Direkte Konterwürfe

Ushiro-Goshi (Hüftgegenwurf) gegen Koshi-Guruma

Der Bewegungsablauf dieser Kontertechnik ist fundamental; denn das Ausheben ist eine koordinierte Bewegung des ganzen Körpers. Ist Uke erst einmal ausgehoben, kann er in verschiedene Richtungen geworfen werden. Die Wurfrichtung richtet sich dann immer nach der Verteidigungsaktion in der Luft. Macht er keine Abwehrbewegung, wird mit *Ushiro-Goshi* geworfen.
Dreht er sich nach links, läßt Tori sich mit nach hinten fallen. Die Technik heißt in diesem Falle *Ura-Nage* (Rückwurf).
Dreht er sich zu Tori hin, um nicht auf den Rücken zu fallen, kann er bei seiner Drehung in der Luft mit der Hüfte abgefangen und geworfen werden. Das ist die Technik *Utsuri-Goshi* (Wechselhüftwurf).

Uke greift mit *Koshi-Guruma* an. Während seiner Eindrehbewegung geht Tori in die Knie und senkt so seinen Schwerpunkt. Bei Ukes Kontakt umklammert er mit der linken Hand dessen Bauch (Fotos 1 bis 3).

Tori hat Uke fest umklammert und hebt ihn nun – durch Strecken der Beine und Hochstoßen mit dem Bauch – aus (Fotos 4 bis 6).

Tori macht einen Schritt links–rückwärts und wirft Uke vor sich auf die Matte (Foto 7 und 8).

Te-Guruma (Handrad) gegen Uchi-Mata

Uke greift mit *Uchi-Mata* an. Tori senkt seinen Schwerpunkt, läßt mit seiner linken Hand Ukes Ärmel los und greift von hinten zwischen Ukes Beinen um dessen rechten Oberschenkel durch (Foto 1).

Tori hält Uke an seinen Körper und hebt ihn aus, indem er die Beine streckt und mit dem Bauch schwungvoll nach oben stößt (Foto 2).

Der ausgehobene Angreifer wird in der Luft nach vorn gedreht, indem Tori den Schwung des Oberkörpers bremst und mit seinem linken Arm Ukes Beine an sich vorbei nach oben zieht. Der Ellbogen zeigt dabei hoch in die Luft (Foto 3).

Tori hebt und dreht Ukes Körper an dessen rechtem Oberschenkel, bis dieser vor ihm auf den Rücken gedreht ist. Dann kontrolliert er Ukes Beine von der Seite und wirft ihn zu Boden (Foto 4).

Indirekte Konterwürfe

Uki-Goshi links gegen Koshi-Guruma

Uke greift mit *Koshi-Guruma* an. Tori weicht durch einen Schritt rechts–vorwärts aus (Foto 1).

Tori ist dem Angriff durch Verlagerung seines Körpers nach rechts ausgewichen und zieht sein linkes Bein nach (Foto 2).

Tori setzt sein linkes Bein zwischen Ukes Beine. Mit seiner linken Hand hat er Ukes Hüfte umfaßt; die Hüfte blockiert den Bauch (Foto 3).

Durch den Schwung der eigenen Bewegung, die Drehung von Toris Körper nach rechts und den Zug an seinem linken Revers wird Uke nach vorn geworfen (Foto 4).

Tani-Otoshi (Talfallzug) gegen Koshi-Guruma

Uke greift mit *Koshi-Guruma* an. Tori weicht mit einem Schritt rechts–vorwärts aus. Die linke Hand greift um Ukes Hüfte (Foto 1).

Tori zieht Uke an sich heran und stellt sein linkes Bein hinter ihn (Foto 2).

Tori wirft Uke durch seine Körperdrehung nach links über das ausgestreckte linke Bein (Foto 3).

Uke ist geworfen. Tori dreht sich weiter und greift mit einem Haltegriff weiter an (Foto 4).

Wichtig

Tori dreht seinen Körper nach dem Ausweichen sehr kräftig nach links. Er setzt nur die Außenkante des linken Beins auf.

De-Ashi-Barai (Fußfegen) gegen Ko-Uchi-Gari

Uke greift mit *Ko-Uchi-Gari* an. Tori stellt das angegriffene Bein nach hinten (Foto 1).

Tori fegt mit seinem linken Bein von außen gegen Ukes angreifendes Bein (Foto 2).

Durch die Fegebewegung von Toris linkem Fuß und den Zug seiner Arme wird Uke geworfen (Foto 3 und 4).

Wichtig

Ausweichbewegung, Fegen und starkes Ziehen mit der linken Hand müssen nahezu gleichzeitig erfolgen.

Ko-Soto-Gari (kleine Außensichel) gegen Tai-Otoshi

Uke greift mit *Tai-Otoshi* an. Tori wehrt den Angriff ab, indem er über das blockierende Bein steigt (Foto 1 und 2).

Tori setzt sein rechtes Bein zwischen Ukes Beinen auf. Sein linkes Bein zieht er nicht nach, sondern sichelt mit der Kniekehle und dem Unterschenkel Ukes rechtes Bein. Tori zieht Ukes Bein an der Innenseite seines rechten Beins vorbei und drückt dessen Oberkörper mit den Händen nach hinten (Foto 3 und 4).

O-Soto-Gari gegen O-Soto-Gari

Uke greift mit *O-Soto-Gari* an (Foto 1).

Tori dreht seinen Körper nach links und macht mit seinem linken Bein einen halbkreisförmigen Schritt nach hinten, um sein Gleichgewicht zu stabilisieren (Foto 2).

Durch die Drehung und das Umsetzen seines Standbeins, zusammen mit dem starken Zug besonders seines rechten Arms, bricht Tori das Gleichgewicht Ukes (Foto 3).

Uke wird nun selbst mit *O-Soto-Gari* geworfen. – Je nachdem, wie weit Tori sein linkes Bein bei dem Ausweichschritt herumgesetzt hat, kann der Konterwurf auch ein *Harai-Goshi* (siehe Seite 82) sein (Foto 4).

Übergang vom Stand zur Bodenarbeit

Ein Bereich, der bei der Gestaltung des Wettkampfs immer mehr an Bedeutung gewinnt, ist der Übergang vom Stand- zum Bodenkampf. Folgende Situationen können zu einem solchen Übergang führen:

- Tori greift an und bringt Uke zu Boden.
- Tori selbst gibt die Standposition auf, um Uke mit einer Selbstfalltechnik oder einer speziellen Übergangstechnik wie *Hikkomi-Gaeshi* (*Hikkomi* = in die Bodenlage ziehen) zu Boden zu bringen.
- Tori hat Ukes Angriff abgewehrt und nutzt dessen labile Gleichgewichtslage, um ihn mit einer Gegenaktion zu Boden zu bringen.
- Tori hat selbst angegriffen und wird durch Ukes Abwehrmaßnahme zu Boden gebracht.

Die Kombinationen von Wurf- und Grifftechniken sind als Bestandteil des technischen und taktischen Repertoires ein selbständiger technischer Bereich. Sie müssen ständig trainiert werden, wenn der Übergang vom Stand zum Boden erfolgreich sein soll. Die Spezialtechnik wird hier zum Ausgangspunkt für die Auswahl geeigneter Wurf-Griff-Kombinationen. Es müssen die möglichen Situationen und Reaktionen, die sich bei der Anwendung der Spezialwurftechniken in Training und Wettkampf ergeben, studiert werden. Dazu sind die passenden Grifftechniken und Verbindungshandlungen zu wählen.

Im folgenden werden einige Techniken vorgestellt, die nicht zu den klassischen Wurftechniken zählen. Mit ihrer Hilfe kann man aber regelgerecht den Bodenkampf erzwingen; allerdings werden diese Techniken nicht als ‹Vorteil› gewertet.

In der Wettkampfregel heißt es: «Beim flüssigen Übergang in die Bodenlage (*Hikkomi-Gaeshi*) wird kein Resultat verkündet (zum Beispiel *Koka*). Nur bei offensichtlich angewandter Wurftechnik wird ein Resultat bewertet.»

Hikkomi-Gaeshi (I)
(*Hikkomi* = zu Boden ziehen, *Gaeshi* = Gegenwurf)
Gegen die abgebeugte Haltung Ukes läßt sich diese Technik besonders gut ansetzen. Tori faßt mit der linken Hand in Ukes Gürtel. Mit der rechten Hand faßt er unter Ukes linkem Arm (Foto 1) hindurch sein eigenes Handgelenk und hebelt den ganzen Körper nach links (Foto 2 und 3). Diesen Griff behält Tori bis in die Bodenlage bei und setzt dann eine Bodentechnik an (Foto 4).

Hikkomi-Gaeshi (II)

Uke steht abgebeugt. Bei dieser Haltung bietet sich die Technik besonders gut an.

Tori hat mit seiner linken Hand über Ukes linke Schulter hinweg den Gürtel gegriffen. Die rechte Hand zieht Ukes Oberarm heran. Tori tritt mit dem rechten Fuß vor und drückt den linken Fuß gegen Ukes rechten Oberschenkel (Foto 1).

Tori läßt sich zwischen Ukes Beinen auf den Rücken fallen und rollt ihn über sich (Foto 2).

Tori bleibt ‹klein› und rollt mit (Foto 3).

Als Bodentechnik empfiehlt sich ein *Tate-Shiho-Gatame* (siehe Seite 139), mit dem Uke in dieser Lage gut festgehalten werden kann (Foto 4).

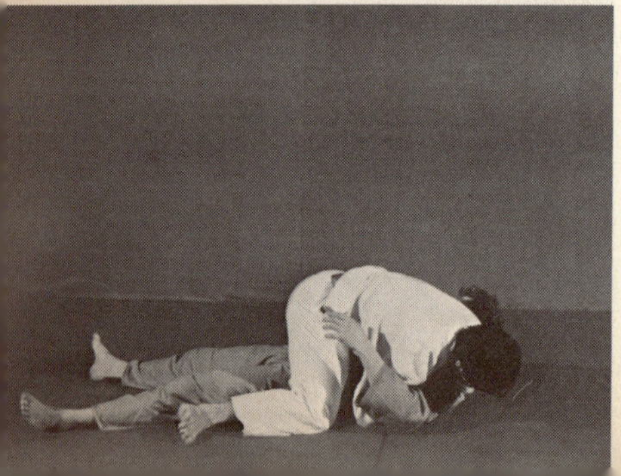

Verhalten beim Übergang von der Stand- zur Bodenarbeit

Dieser Übergang verlangt, ob bewußt herbeigeführt oder durch die gegnerische Aktion verursacht, daß Tori die sich ergebende Situation schnell analysiert. Aus seinem Erfahrungs- und Könnensschatz muß er eine geeignete Lösungsmöglichkeit auswählen und verwirklichen.

Ist Tori der Angreifer, so muß er folgendes beachten:

- Der Kontakt zu Uke muß gehalten werden. Die vorhandenen Kontaktpunkte (Hände, Körper, Beine) müssen gewahrt bleiben.
- Die begonnene Armarbeit (Hub, Zug, Druck) wird wie beabsichtigt weitergeführt.
- Ukes labile Gleichgewichtslage muß genutzt werden. Gegebenenfalls sind Kraftrichtung, Wurfrichtung, Angriffstechnik zu verändern.
- Es muß vermieden werden, daß Uke im Fallen eine Kontermöglichkeit erhält.
- Der Angriffsschwung sollte genutzt werden, um in eine für die Bodenarbeit günstige Ausgangsposition zu kommen.
- Es muß vermieden werden, zwischen die Beine von Uke zu geraten.
- Man muß dem umstürzenden Gegner sofort nachsetzen und versuchen, die Kontrolle über seine Hüfte oder seinen Oberkörper zu gewinnen bzw. sofort eine Bodentechnik anzusetzen.

Wird Tori zu Boden gebracht, dann gilt für ihn:

- Um eine kampfentscheidende Wertung zu vermeiden, muß man versuchen, sich während des Fallens auf den Bauch zu drehen.
- Nach dem Wurf muß man sich mit den Beinen so drehen, daß sie zum Gegner zeigen, und versuchen, ihn unter Blickkontrolle zu bekommen.
- Man muß sofort zur Verteidigung oder zum Angriff übergehen. Ruhig liegenbleiben und abzuwarten, schafft dem Gegner unnötige Vorteile.
- Wenn der Gegner beim Übergang vom Stand zum Boden in eine labile Gleichgewichtslage geraten ist, muß man sofort versuchen, ihn zu kontern.
- Schon während des Fallens muß man vorausdenken. Man muß versuchen zu erkennen, mit welchen Techniken der Gegner weiter angreifen will, und entsprechende Verteidigungsmöglichkeiten einleiten.

1

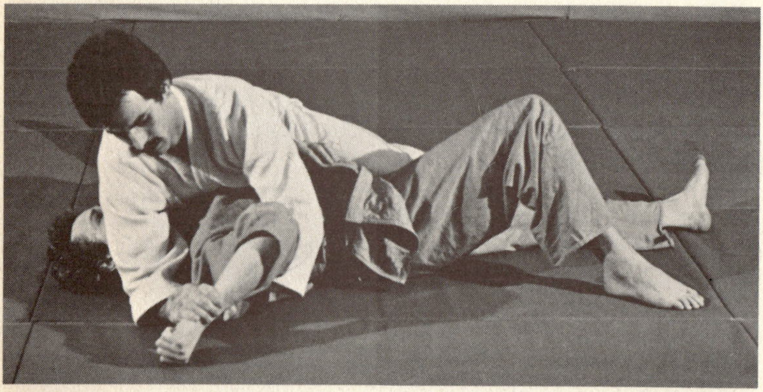

2

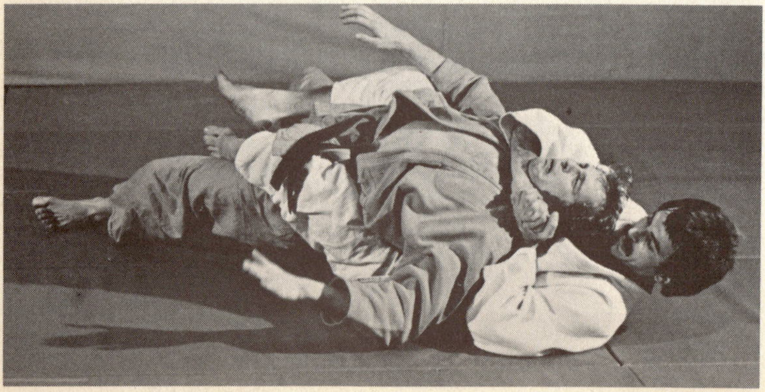

3

Techniken am Boden (Katame-Waza)

(*Katame* = unbeweglich machen, *Waza* = Techniken)
Ein Gegner kann während des Kampfs in der Bodenlage mit verschiedenen Grifftechniken unter Kontrolle gebracht und besiegt werden: Man kann ihn 1. mit einem Haltegriff (*Osae-Komi-Waza*) festhalten, man kann ihn 2. mit einem Hebel am Ellbogengelenk (*Kansetsu-Waza*) oder 3. mit einem Würgegriff (*Shime-Waza*) am Hals zur Aufgabe zwingen.
Diese drei Gebiete stehen nicht gleichberechtigt nebeneinander. Bevor ein Gegner gehebelt oder gewürgt werden kann, muß er in seinen Bewegungsmöglichkeiten kontrolliert, also festgehalten werden. Um im Bodenkampf stetige Fortschritte erzielen zu können, müssen deshalb zuerst die Haltegriffe studiert werden.
Die Vielzahl der Bodentechniken ist zunächst verwirrend. Bei der Vorstellung der Techniken werden deshalb die Griffe, die das *Hauptmerkmal* variieren, zu einer Gruppe zusammengefaßt. Die Variationen werden als verwandte Techniken mit *Kuzure* (= Abart, Variante) bezeichnet und unterscheiden sich nur in Nebenmerkmalen von der Grundtechnik. Zwar sind Armhaltung, Beinstellung oder die Position, aus der heraus die Technik angesetzt wird, oft unterschiedlich; am Prinzip der Technik ändert sich aber nichts.

Foto 1: Haltegriff
Foto 2: Armhebel
Foto 3: Würgegriff

Haltegriffe (Osae-Komi-Waza)

Wettkampfregel
«*Osae-Komi* ist gegeben, wenn
a) der Gehaltene mit der Schulter auf der Matte liegt,
b) der Haltende frei ist,
c) er die Kontrolle über den Gehaltenen hat und
d) der Haltende über dem Gehaltenen ist.»
Der Haltende darf dabei weder zwischen den Beinen des Gehaltenen liegen, noch darf eines seiner Beine umklammert sein. Er muß den Gegner völlig beherrschen, das heißt: Der Haltende muß jederzeit in der Lage sein aufzustehen.
Bei einem Wettkampf sieht das so aus:
«Der Kampfrichter ruft *Osae-Komi* aus, wenn nach seiner Meinung einer der Kämpfer seinen Gegner erfolgreich festhält.
Der Kampfrichter sollte sofort *Toketa* (= Haltegriff gelöst) ausrufen, sobald seiner Ansicht nach der Haltegriff zu irgendeinem Zeitpunkt nach Verkündung des *Osae-Komi* gebrochen wird . . .
Bei *Osae-Komi-Toketa* müssen *beide* Schultern des Gehaltenen sich von der Matte gelöst haben. Eine Ausnahme bildet die Kopfbrücke. Dem Kampfrichter muß vom Zeitnehmer bei *Toketa* die Anzahl der gehaltenen Sekunden angegeben werden.»
Haltegriffe sind Grundlage des Bodenkampfs und können – ebenso wie die Wurftechniken – zum vollen Punkt oder zu technischen Resultaten führen.
Der Haltende erhält bei einer Haltedauer von 30 Sekunden *Ippon*, bei 25 bis 29 Sekunden *Waza-Ari*, bei 20 bis 24 Sekunden *Yuko*, bei 10 bis 19 Sekunden *Koka*.
Auch wenn im Kampf ein Armhebel oder Würgegriff beabsichtigt ist, muß der Gegner zunächst in seiner Bewegungsfähigkeit eingeschränkt werden. Dies geschieht entweder durch einen Haltegriff selbst oder dadurch, daß man die Prinzipien der Haltegriffe anwendet.
Ebenso wie im Stand ist es auch am Boden wichtig, die Prinzipien des Judo zu beachten; sonst ist das Resultat der Bemühungen nur ein anstrengender Kräftevergleich.
Man wird stets versuchen,
1. in einer stabilen Körperhaltung zu bleiben und den Gegner an den entscheidenden Punkten mit dem Körpergewicht zu belasten.
2. nicht ständig mit aller Kraft zu halten, sondern auf die Befreiungsversuche des Gegners zu achten und sinnvoll zu reagieren.
3. Haltegriffe sowohl von rechts als auch von links anzusetzen.
4. Kopf und Nacken des Gegners zu kontrollieren, um so den ganzen Körper zu beherrschen.

5. niemals einen gut angesetzten Haltegriff zu lösen, um den Kampf vorzeitig durch Würgegriff oder Armhebel zu beenden, da sich Uke beim Wechsel befreien könnte.

Muß man sich gegen einen Haltegriff verteidigen, ist es günstig, sich nicht flach auf den Rücken zu legen. Der Kopf wird angehoben. Man muß versuchen, sich zusammenzurollen, die Arme am Körper zu lassen und Ellbogen und Knie anzuwinkeln.

Aus einem Haltegriff kann man sich befreien, indem man

1. versucht, den Gegner zwischen den eigenen Beinen einzuklemmen (zuerst ein Knie unter seinen Körper schieben).
2. ein Bein des Gegners umklammert.
3. sich auf den Bauch dreht oder eine Bankposition einnimmt.
4. den Gegner überhebt oder umrollt.
5. versucht, durch einen Armhebel oder Würgegriff zu kontern.

Es ist allerdings zu bedenken, daß man sich aus einem gut angesetzten Haltegriff nicht befreien kann. Eine Befreiung gelingt nur, wenn der Gegner einen Fehler macht wie:

- eine schlechte Kontrolle während des Haltens,
- einen schlecht kontrollierten Übergang zu einer Folgetechnik,
- eine schlechte Verteidigung gegen einen Befreiungsversuch.

Die klügste Strategie ist aber, sich nach einer alten japanischen Regel zu richten: «Es ist leichter, sich so zu verteidigen, daß man nicht in einen Haltegriff genommen wird, als sich nachher daraus zu befreien.»

Grundsätzlich unterscheidet man bei den Haltegriffen zwei große Gruppen:

1. die *Kesa-Gatame-Gruppe*

Dabei wird Ukes Körper diagonal mit Toris Körperseite kontrolliert. Von den vier wichtigen Punkten (zwei Schultergelenke, zwei Hüftgelenke) werden nur drei fixiert.

2. die *Shiho-Gatame-Gruppe*

Uke wird von oben mit der Brust belastet. Es werden alle vier wichtigen Punkte (*Shiho* = vier Ecken) kontrolliert.

Im folgenden werden die vier Grundhaltegriffe als Ausgangspunkt für die Bildung von ‹Haltegriffgruppen› genommen. Zu jedem Grundhaltegriff werden die gebräuchlichsten Varianten (= *Kuzure*) und Befreiungen angegeben.

Einzeltechnikbeschreibung der Haltegriffe

Die Beschreibungen erfolgen aus der Sicht des Angreifers Tori, Uke wird bei den Befreiungen zu Tori.

Kesa-Gatame

(Schärpe; *Kesa* = Schärpe, *Gatame* = unbeweglich machen, festhalten)

Kesa-Gatame ist bei Anfängern der bekannteste und auch beliebteste Haltegriff. Er ist leicht anzuwenden, da man ihn nach einem rechts ausgeführten Wurf direkt ansetzen kann, ohne umgreifen zu müssen. Es ist aber keine leichte Technik, da Uke viele Befreiungsmöglichkeiten hat. Die Beherrschung erfordert deshalb mehr Übung, als der erste Eindruck vermuten läßt. Mit *Kesa-Gatame* wurde der Holländer Anton Geesink 1964 in Tokio als erster Europäer Oympiasieger und Weltmeister.

Grundform

(*Hon-Kesa-Gatame*; Foto 1)

Uke befindet sich in der Rückenlage. Tori gleitet in die Seitenlage und klemmt mit seinem linken Arm Ukes rechten Arm ein. Mit dem rechten Arm werden Kopf und Nacken kontrolliert. Der Oberkörper liegt schräg auf dem Rumpf Ukes. Toris Beine werden gespreizt. Das linke Knie wird gebeugt, und das rechte Knie wird unter die rechte Schulter des Partners gedrückt. Der Kopf wird gesenkt.

Wichtig

- Der eingeklemmte Arm darf nicht losgelassen werden.
- Tori muß von der Seite her belasten; er darf sein Gewicht nicht auf Uke legen.

Anfängerfehler

- Toris Beine sind nicht weit genug gespreizt.
- Toris linkes Bein ist aufgestellt und kann geklammert werden.
- Toris Gewicht liegt auf Uke.

1

Varianten der Grundform

Kuzure-Kesa-Gatame
(*Kuzure* = Variante; Foto 2)
Tori kontrolliert mit seinem rechten Arm nicht den Kopf Ukes. Er hält, indem er unter Ukes linker Achsel durchgreift. Vorteile gegenüber *Hon-Kesa-Gatame* sind ein leichteres Abwehren von Ukes Befreiungsversuchen, zum Beispiel Abstützen bei einem Überrollversuch, und mehr Möglichkeiten für weiterführende Techniken; Nachteil ist die geringere Kontrolle von Ukes Kopf.

Ushiro-Kesa-Gatame
(*Ushiro* = von hinten; Foto 3)
Bei dieser Variante liegt man umgekehrt zum Partner (*Gyaku* = umgekehrt, deshalb auch *Gyaku-Kesa-Gatame* genannt) und greift von hinten an.

2

3

Toris linke Hand faßt Ukes Gürtel an der linken Seite. Die rechte Hand faßt den rechten Arm. Die linke Hüfte liegt an Ukes rechter Kopfseite. Das linke Bein kontrolliert die rechte Hüfte, das rechte Bein wird nach hinten gespreizt, um die Körperhaltung zu stabilisieren.

Kata-Gatame
(*Kata* = Schulter; Foto 4)
Bei diesem Haltegriff werden Kopf und Arm Ukes gleichzeitig kontrolliert. Dieser kann nicht mehr rollen und ausweichen, da er sonst abgewürgt wird.
Tori kniet neben dem Partner. Mit dem rechten Arm wird der Hals umfaßt, die rechte Hand packt die linke. Ukes rechter Arm ist zwischen den Köpfen eingeklemmt und kann nicht mehr eingesetzt werden. Toris linkes Bein wird zur Seite ausgestreckt.
Wichtig
- Tori muß den Kopf senken.
- Toris rechtes Knie kontrolliert Ukes rechte Körperseite.
- Toris Finger sollen nicht verschränkt werden, da der Griff sonst nicht fest genug sitzt.

Befreiungen
1. «Bein klammern» (Foto 5)
Tori dreht sich nach rechts und umklammert mit seinem linken Bein das linke Bein des Partners. Mit der rechten Kniekehle sichert er die Umklammerung ab (dies ist eine *Sankaku*-Technik; *Sankaku* = Dreieck). Der Haltegriff ist somit entsprechend den Regeln gelöst, da der Obenliegende nicht mehr die alleinige Kontrolle hat. Will Tori weiter angreifen, erfaßt er mit der linken Hand Ukes Gürtel und rollt ihn nach links über seinen Körper.

2.«Auf den Bauch drehen»
Tori dreht sich nach rechts, reißt seinen rechten Arm aus der Umklammerung und dreht sich weiter auf den Bauch.

3. «Überrollen» (Foto 6)
Tori rutscht an Uke heran und umfaßt ihn so eng wie möglich. Mit dem Kopf fixiert er den rechten Arm. Er macht eine Brücke und stößt Ukes Körper in Richtung des Kopfs. Tori bleibt in der Brücke und rollt Uke nach links, indem er sich auf seinen Schultern mitdreht. Diese Befreiung kann sehr gut nach der Befreiung 2 (siehe oben) durchgeführt werden, wenn Uke versucht, sein Gewicht auf Tori zu legen, um das Auf-den-Bauch-Drehen zu verhindern.

4

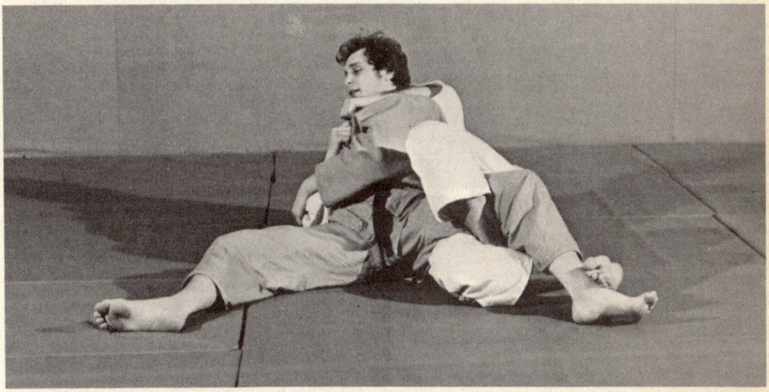

5

6

7

4. «Bein unterschieben»
Der Körper Ukes wird durch schnelles In-die-Brücke-Gehen von der Matte abgehoben und das rechte Knie unter seinen Körper geschoben. Danach kann Uke zwischen den Beinen eingeklemmt oder nach links übergerollt werden.

5. Befreiung aus *Kata-Gatame*: «Kopf wegdrücken» (Foto 7)
Die Befreiung aus einem technisch richtig angesetzten *Kata-Gatame* gelingt selten. Man muß versuchen, den Kopf einzuziehen, um einen Würgegriff zu vermeiden. Ukes Kopf wird nach rechts gedrückt. Tori dreht sich nach rechts und befreit seinen Arm. Weiterhin kann er versuchen, Uke auf den Bauch zu kippen.

Weiterführungen
Wenn Tori die Befreiungsversuche von Uke geschickt ausnutzt, kann er zu anderen Bodentechniken weiterwechseln:
- von *Hon-Kesa-Gatame* zu *Kata-Gatame* oder einem Armhebel (*Ashi-Gatame*; siehe Seite 153);
- von *Kuzure-Kesa-Gatame* zu *Yoko-Shiho-Gatame* oder dem Armhebel *Waki-Gatame* (siehe Seite 152);
- aus *Ushiro-Kesa-Gatame* zu dem Haltegriff *Kuzure-Kami-Shiho-Gatame* (siehe Seite 144) oder dem Armhebel *Hara-Gatame* (siehe Seite 153);
- aus *Kata-Gatame* zu dem Haltegriff *Tate-Shiho-Gatame*.

Yoko-Shiho-Gatame

(Seitvierer; *Yoko* = Seite, seitlich, *Shiho* = vier Ecken)
Yoko-Shiho-Gatame ist einer der wirkungsvollsten Haltegriffe. Er

kommt meist dann zustande, wenn Tori gegen eine Verteidigungsposition Ukes angreift (vgl. Seite 159).
Mit diesem Haltegriff wurde Deutschlands Bodenspezialist Wolfgang Hofmann im Mittelgewichtsfinale der Olympischen Spiele 1964 in Tokio von dem Japaner Isao Okano entscheidend geschlagen.

Grundform

Tori liegt im rechten Winkel zu Uke und belastet ihn von der Seite her mit seiner Brust. Die linke Hand greift unter dem Kopf in den Kragen. Mit der rechten Hand wird zwischen Ukes Beinen hindurch dessen Gürtel oder Jackenrand ergriffen. Die Beinstellung wird entsprechend Ukes Befreiungsversuchen verändert. Entweder sind beide Beine angewinkelt, wobei mit dem linken Knie Ukes rechte Schulter und mit dem rechten Knie Ukes rechte Hüfte blockiert wird, oder ein bzw. beide Beine sind ausgestreckt, um den Schwerpunkt zu senken (Foto 1).

Wichtig

- Tori liegt im rechten Winkel zu Uke.
- Mit beiden Armen gut festhalten.
- Ukes Kopf hochdrücken.
- Tori muß mit dem Kopf fest auf Ukes Bauch drücken.
- Tori muß die rechte Hüfte von Uke kontrollieren.
- Tori muß den eigenen Schwerpunkt tief halten (Gürtel liegt auf der Matte).

Anfängerfehler

- Tori faßt zu locker.
- Tori liegt nicht auf Ukes Brust, sondern auf dessen Bauch.
- Toris Schwerpunkt liegt zu hoch.

1

Varianten der Grundform

Kuzure-Yoko-Shiho-Gatame

Tori liegt im rechten Winkel zu Uke. Seine linke Seite belastet Ukes Schulter und Hals. Die linke Hand greift über Ukes linke Schulter in dessen Gürtel. Mit der rechten Hand wird der Stoff von Ukes Hose über dem rechten Knie gefaßt. Das linke Bein ist ausgestreckt, das rechte blockiert die rechte Hüfte (Foto 2).

Wichtig

- Auf Ukes Schultergürtel liegen und den Kopf belasten.
- Mit dem rechten Knie die Hüfte blockieren.
- Mit dem linken Arm Ukes Oberkörper kontrollieren.

Anfängerfehler

- Zu lockerer Griff über die Schulter in den Gürtel.
- Ukes Schultergürtel wird nicht belastet.
- Der Schwerpunkt liegt zu hoch.

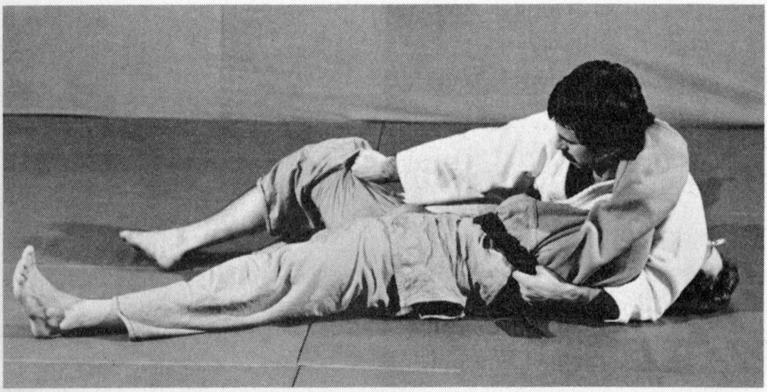

2

Befreiungen

1. «Knie unterschieben» (Foto 3)

Tori versucht, sich nach schnellem In-die-Brücke-Gehen zum Partner hinzudrehen, das rechte Knie unter dessen Körper zu schieben und ihn zwischen seinen Beinen einzuklemmen.

2. «Kopf und Arm einklemmen» (Foto 4 und 5)

Diese Befreiung ist möglich, wenn Uke seinen Kopf hochnimmt oder zu sehr auf Ukes Bauch liegt.

Tori schiebt mit der linken Hand Ukes Kopf nach unten und klemmt

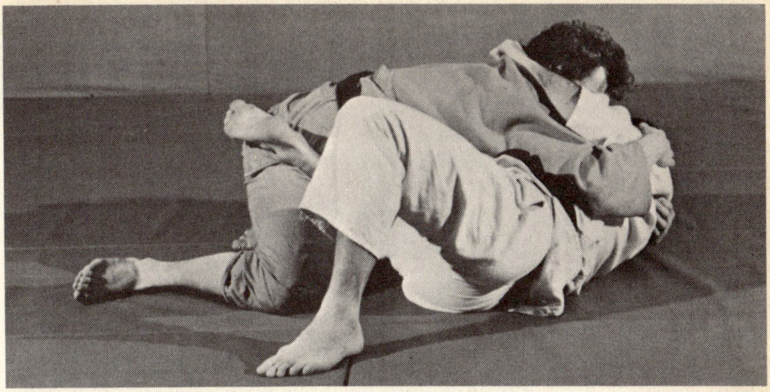

3

4

5

zusammen mit dem rechten Arm mit einer *Sankaku*-Technik (Dreieck) ein. Dadurch ist der Haltegriff gelöst. Aus dieser Position (Foto 5) hat Tori verschiedene Möglichkeiten, zum Erfolg zu kommen, wenn er seine Beinhaltung beibehält:

- durch Würgegriff *Ashi-Jime* (siehe Seite 158);
- durch den Armhebel *Ude-Gatame* (siehe Seite 151), indem er von hinten auf den Ellbogen drückt;
- durch den Haltegriff *Kami-Sankaku-Gatame*, indem er Uke überrollt und dann auf ihm liegen bleibt

3. «Überrollen» (Foto 6 und 7)
Wenn Ukes Schwerpunkt nicht tief genug liegt und es Tori gelingt, seinen rechten Ellbogen unter Ukes Bauch zu schieben, kann er ihn mit einer Aufbrückbewegung aus dem Gleichgewicht bringen und dann überrollen.

Weiterführungen
Unter Ausnutzung von Ukes Befreiungsversuchen kann Tori zu Folgetechniken überleiten:

- zu *Tate-Shiho-Gatame*, einem Haltegriff;
- zu *Okuri-Eri-Jime* (siehe Seite 154), einem Würgegriff.

6

7

Tate-Shiho-Gatame

(Reitvierer; *Tate* = gerade, aufrecht)
Tate-Shiho-Gatame wird oft als Abschluß einer Übergangstechnik vom Stand in die Bodenlage (vgl. Seite 124) oder im Anschluß an eine Kontertechnik aus der Rückenlage (vgl. Seite 159ff) angewendet.

Grundform
Uke liegt auf dem Rücken. Tori sitzt im Reitsitz auf ihm und belastet ihn mit seinem Oberkörper. Kopf und rechter Arm Ukes werden wie bei *Kata-Gatame* (siehe Seite 132) blockiert. Der rechte Arm Ukes liegt an seiner Kopfseite. Tori fixiert diesen Arm von der Seite mit seinem eigenen Kopf. Sein rechter Arm umschlingt Ukes Hals; beide Hände greifen ineinander. Ukes Schultergürtel und Hüfte werden blockiert, indem Tori sein Becken senkt und mit dem ganzen Körpergewicht belastet. Diese Wirkung wird verstärkt, wenn Tori seine gestreckten Füße unter die Oberschenkel von Uke schiebt und seine Unter- und Oberschenkel fest gegen Ukes Hüften preßt (Foto 1).
Wichtig
- Ukes Beine einklemmen.
- Ukes Brust und nicht seinen Bauch belasten.
- Schwerpunkt flach und neben Uke halten.
- Bei Ukes Befreiungsversuchen kurz mit Armen oder Beinen abstützen und anschließend sofort in die Ausgangsposition zurückgehen.

Anfängerfehler
- Ukes Arm wird schlecht blockiert.
- Toris Schwerpunkt liegt auf Ukes Bauch.
- Tori stützt sich bei Befreiungsversuchen von Uke nicht ab.

1

Varianten der Grundform

Kuzure-Tate-Shiho-Gatame (I)
Wird ausgeführt wie die Grundform. Einziger Unterschied ist der Griff der rechten Hand. Diese faßt das eigene Revers. Die dadurch freigewordene linke Hand stützt nach vorn oder zur Seite ab (wie bei Variante III).

Kuzure-Tate-Shiho-Gatame (II)
Toris Oberkörper liegt weiter oben. Er führt seinen rechten Arm umgekehrt um Ukes Kopf und faßt seinen eigenen Gürtel. Der linke Arm umgreift den rechten Arm des Partners, drückt ihn an die linke Wange und greift in das eigene rechte Revers (Foto 2).

Kuzure-Tate-Shiho-Gatame (III)
Toris rechte Hand faßt über Ukes rechte Schulter unter dem Rücken in dessen Gürtel. Die linke Hand stützt nach vorn oder zur Seite ab (Foto 3).

Befreiungen
1. «Bein klammern»
Wenn Uke nicht fest genug mit den Beinen klammert, kann Tori mit der linken Hand das rechte Bein des Partners nach unten drücken und den Oberschenkel mit beiden Beinen umklammern (Foto 4).

2. «Überrollen»
Wenn Uke seinen Schwerpunkt zu sehr auf Tori liegen hat, geht dieser in die Brücke und rollt den Partner dann links auf den Rücken. – Uke kann sich dann weder mit einem Arm noch mit dem Kopf abstützen.

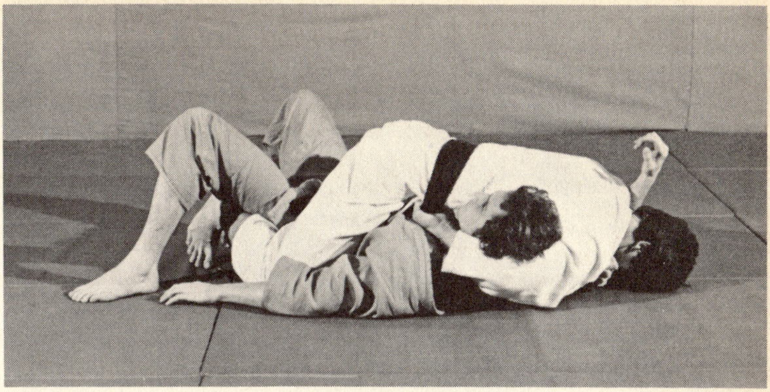

2

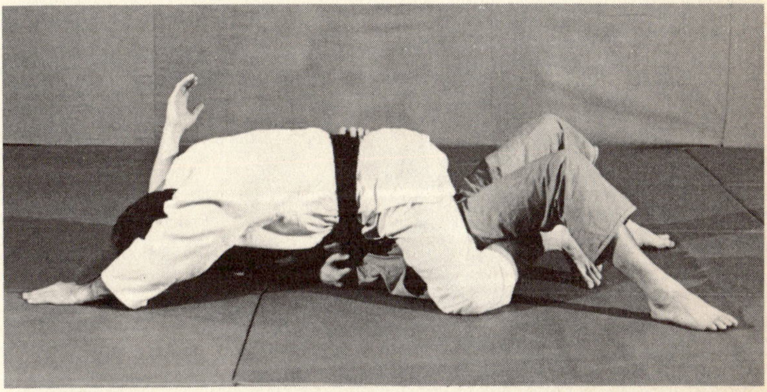

3

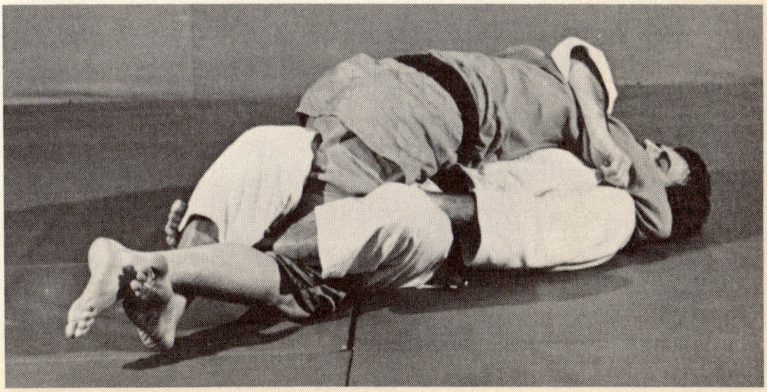

4

5

6

7

3. «Beinschaukel» (Fotos 5 bis 7)
Wenn Uke sehr hoch auf Toris Oberkörper liegt (Variante II und III), kann er schlecht mit einer Brückenbefreiung übergerollt werden. Tori kann sich befreien, indem er beide Beine streckt, nach rechts Schwung holt und dann schnell zur anderen Seite schwingt. Beim Umrollen wird Ukes Körper mitgedreht (eine Bewegung vergleichbar mit der eines Scheibenwischers).

Weiterführungen

- Wenn Uke versucht, seine Arme zu befreien, sind Armhebel (*Ude-Garami*; siehe Seite 151) und Würgegriffe (*Hadaka-Jime*; siehe Seite 156) möglich.
- Brücken- und Rollenbefreiung können mit einem anderen Haltegriff (*Yoko-Shiho-Gatame*; siehe Seite 134f) abgefangen werden.

Kami-Shiho-Gatame

(Oberer Vierer; *Kami* = oberhalb, obenauf)

Die Haltegriffe der *Kami-Shiho-Gatame*-Gruppe sind die sichersten Festhaltetechniken überhaupt. Dadurch, daß Uke von seiner Kopfseite her unter Einschluß der Arme festgehalten wird, hat er nur wenige Möglichkeiten, sich wirkungsvoll zu befreien.

Grundform

Tori belastet den auf dem Rücken liegenden Uke von dessen Kopfseite her mit der Brust. Er greift mit beiden Händen unter Ukes Schultern hindurch in dessen Gürtel und klemmt dabei die Arme ein. Die Kontrolle erfolgt, indem Tori den Partner fest heranzieht, seine Brust fest nach unten drückt und auch das Kinn einsetzt. Die Beine Toris können gebeugt oder gestreckt sein – je nachdem, welche Befreiungsversuche Uke versucht (Foto 1).

Wichtig

- Richtige Gewichtsübertragung auf Ukes Schultergürtel und Brust
- Kontrolle mit dem Kopf
- Einklemmen beider Arme des Partners
- Verändern der Beinstellung
- Beibehalten der Position zum Partner (Uke und Tori bilden eine Linie)

Anfängerfehler

- Tori klemmt Ukes Arme nicht ein.
- Ukes Oberkörper wird zu leicht belastet.
- Tori hat seine Beine gestreckt, aber nicht gegrätscht.
- Tori bleibt nicht in Verlängerung von Ukes Körperachse.

1

Varianten der Grundform

Kuzure-Kami-Shiho-Gatame

Aus dieser Variation des *Kami-Shiho-Gatame* kann man sich nur sehr schwer befreien. Die linke Hand Toris greift wie bei der Grundform unter Ukes linker Schulter hindurch in dessen Gürtel. Mit der rechten Hand faßt er unter der Achselhöhle des Partners in den Kragen. Der Handrücken zeigt nach oben. Die Partner liegen in einer schrägen Position zueinander, wobei Tori hauptsächlich die rechte Schulter Ukes belastet und dessen rechten Arm kontrolliert. Die Beine sind gegrätscht (Foto 2).

2

3

Befreiungen

1. «Brücke mit Umrollen» (siehe Bildreihe)

Tori dreht sich über eine Brücke mit oder ohne Partner schwungvoll nach rechts oder links. Dabei greift er zunächst mit beiden Händen fest in Ukes Gürtel. Er fintiert nach einer Seite und nutzt die Reaktion des Partners aus.

2. «Bein klammern» (Foto 3, Seite 144)

Wenn es Tori gelingt, durch starke Körperbewegungen an die Seite von Uke zu kommen, kann er dessen Bein klammern. Bei *Kuzure-Kami-Shiho-Gatame* kann er diese Befreiung auch ausführen, indem er mit seiner freien rechten Hand die Hose des Partners am Knie ergreift und sich heranzieht.

Weiterführungen

- Wenn sich Uke zur Seite dreht, besteht die Möglichkeit, zu *Kuzure-Yoko-Shiho-Gatame* (siehe Seite 134) umzuwechseln.
- Bei dem Befreiungsversuch ‹Umrollen›, ohne Tori mitzudrehen, kann dieser zu den Armhebeln *Juji-Gatame* (siehe Seite 146f) oder *Waki-Gatame* (siehe Seite 152) weiterführen.
- Aus *Kuzure-Kami-Shiho-Gatame* läßt sich sehr leicht der Würgegriff *Kata-Te-Jime* ansetzen (siehe Seite 156).

Armhebel (Kansetsu-Waza)

Kampfregel

«Die Entscheidung *Ippon* wird bei *Katame-Waza* (= Grifftechnik) in folgenden Fällen gegeben:
1. wenn ein Gegner *Maitta* (= ich gebe auf) sagt oder mit seiner Hand oder seinem Fuß zwei oder mehrere Male auf die Matte oder auf seinen oder des Gegners Körper klopft;
2. wenn der Erfolg eines Armhebels klar ersichtlich erscheint ...
Ein einmaliges Klopfen ist noch keine Aufgabe. Eine Schmerzensäußerung bei angesetztem *Kansetsu-Waza* ist *Ippon.*»
Mit einem Armhebel kann kein anderes Resultat als ein *Ippon* erzielt werden.

Grundsätzlich kann jedes Gelenk gehebelt werden. Im Wettkampf sind Hebel auf Ellbogengelenk beschränkt. Der Schmerz tritt hier lange vor der tatsächlichen Gefahr auf. Andere Gelenke sind entweder zu gefährdet (Genick, Wirbelsäule), zu schwach oder zu stark.
Beim Hebeln des Ellbogengelenks gibt es zwei Prinzipien:
1. Streckhebel, bei denen der gestreckte Arm im Ellbogengelenk überdehnt wird;
2. Beugehebel, wobei das Ellbogengelenk nach innen oder außen verdreht wird.
Ferner gibt es sieben Gruppen von Armhebeln, wobei die Begriffsbildung einmal von der Mechanik ausgeht:
Ude-Gatame = mit beiden Händen von hinten gegen den Ellbogen drücken
Ude-Garami = den gebeugten Arm hebeln
Kannuki-Gatame = den ‹verriegelten› Arm hebeln
Zum anderen wird nach dem Körperteil benannt, das den Hebel hauptsächlich verursacht:
Ashi-Gatame = Hebel mit Hilfe eines Beins, Knies
Waki-Gatame = mit der Körperseite hebeln
Hara-Gatame = mit dem Bauch hebeln
Juji-Gatame = Kreuzhebel, Streckhebel mit beiden Beinen

Juji-Gatame

(Armstreckhebel; *Juji* = Kreuz, *Gatame* = unbeweglich machen)
Juji-Gatame ist der mit Abstand wirkungsvollste und meistbenutzte Armhebel. In einer Auswertung der Wettkämpfe von Weltmeisterschaften und Olympischen Spielen der letzten sechs Jahre stellte man fest, daß in fast 90 Prozent der Kämpfe, die mit Armhebel entschieden wurden, *Juji-Gatame* die entscheidende Technik war.

Charakteristisch für die Armhebel dieser Gruppe ist das Einklemmen des zu hebelnden Arms zwischen den Beinen von Tori. Die Bezeichnung kommt daher, daß Tori in der Endposition dieses Hebels rechtwinklig zu Uke liegt, mit ihm also ein ‹Kreuz› bildet.

Grundform

Juji-Gatame im Anschluß an einen Wurf (Fotos 1 bis 3):
Nach einem Wurf rechts verhindert Tori ein Weiterrollen Ukes, indem er ihn mit seinem rechten Unterschenkel auf der Brust und dem rechten Fuß unter dem Schulterblatt zunächst fixiert. Er faßt den rechten Arm seines Partners an Unterarm und Handgelenk. Tori steht auf dem rechten Fuß, zieht an Ukes Arm und läßt sich auf den Rücken gleiten. Dabei schwingt er sein linkes Bein über Ukes Kopf. So wird der Arm zwischen den Beinen eingeklemmt, während gleichzeitig der linke Unterschenkel auf Ukes Hals drückt.
Der Hebel wird wirksam, wenn Tori den Druck mit den Beinen und den Zug an Ukes Arm aufrechterhält und dabei mit seinem Becken von unten gegen Ukes Ellbogengelenk drückt.

Wichtig

- Knie zusammendrücken und Ukes Arm einklemmen.
- Mit dem Gesäß möglichst dicht an der Schulter des Partners bleiben.

1

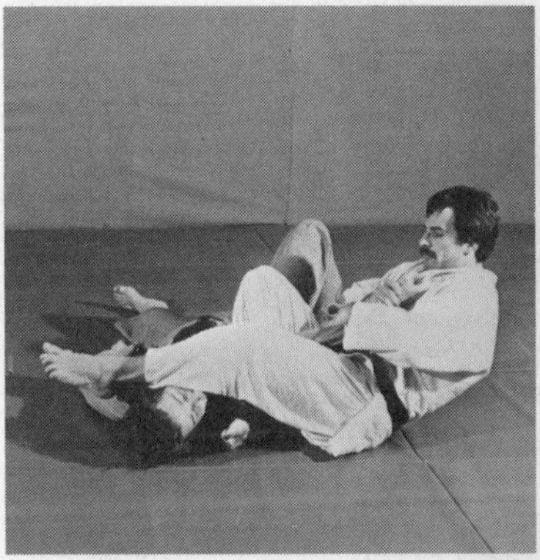

2

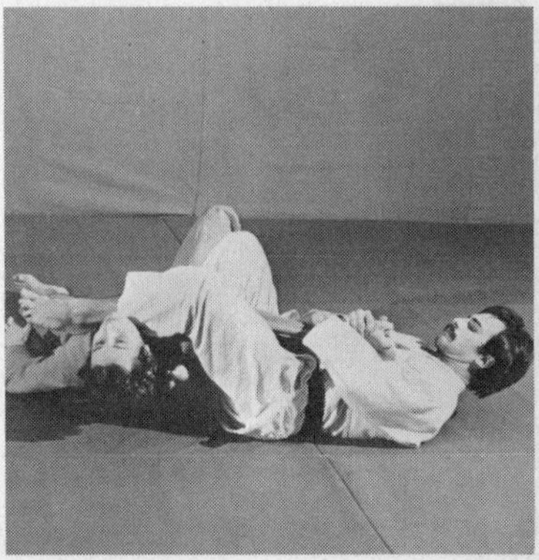

3

- In die Richtung des kleinen Fingers des ausgestreckten Arms hebeln.
- Durch Anheben des Beckens hebeln.

Varianten

1. Als Konteraktion aus der eigenen Rückenlage; dabei liegen in der Endposition beide Beine über Ukes Körper (siehe Seite 172).
2. Angriff gegen die Bankposition (siehe Seite 164).
3. Konter aus *Tate-Shiho-Gatame*, wenn Uke von unten würgen will.

Befreiungen

1. «Arm herausziehen»

In dem Moment, in dem Uke sich nach hinten fallen läßt, um zu hebeln, dreht Tori in die gleiche Richtung mit und zieht seinen Arm mit einem Ruck aus der Umklammerung.

2. «Herausdrehen»

Tori dreht sich aus der ‹Kreuzlage› so, daß Körper und Arm eine Linie bilden. Er versucht dabei, seinen Arm so zu drehen, daß die Handfläche gegen Ukes Brust zeigt. Dann dreht er sich weiter auf den Bauch, krümmt seinen Arm und greift selbst an.

3. «Bein wegdrücken»

Tori drückt mit seiner linken Hand Ukes linkes Bein weg, um den Druck gegen seinen Arm zu vermindern. Er dreht sich nach links in die Bauchlage, geht in die Bankposition und befreit seinen Arm.

4. «Uke anheben» (Foto 4)

Wenn Tori seinen angegriffenen Arm mit der freien Hand abgesichert hat, kann er oft in den Kniestand gehen, sich dann aufrichten und den Partner anheben. Wenn dessen Kopf sich von der Matte gelöst hat, wird der Kampf unterbrochen und im Stand fortgesetzt. Der Armhebel ist somit also auch abgewehrt.

4

Verteidigung
Auch wenn es dem Angegriffenen nicht gelingt, sich zu befreien, kann er oft wirksame Gegenwehr gegen den angesetzten *Juji-Gatame* leisten, indem er (a) mit der freien Hand den angegriffenen Arm festhält oder (b) mit der Hand des angegriffenen Arms sein Revers ergreift und so die Armstreckung verhindert.

Durchbrechen von Ukes Verteidigung
Gegen die oben genannten Verteidigungsmöglichkeiten Ukes gibt es zwei sehr wirksame Methoden der Angriffsweiterführung, die eigentlich zum ‹kleinen Einmaleins› eines jeden Judoka gehören sollten.

Uke mit *Juji-Gatame* angreifen, wenn er seine Hände verschränkt hat (Foto 5 und 6):
Tori steckt seinen linken Arm durch die verschlungenen Arme Ukes und faßt sein rechtes Revers. Er preßt Ukes rechten Unterarm gegen seinen Körper. Mit seiner freien rechten Hand drückt er den linken Arm Ukes zu sich. Beim Zurücklegen des Körpers wird so der linke Arm des Partners gebunden und gleichzeitig eine Hebelwirkung ausgeübt. Diesem Druck kann der Partner nicht widerstehen. Der *Juji-Gatame* kann ausgeführt werden.
Wichtig
- Dicht an Uke bleiben.
- Knie zusammendrücken.
- Zum Strecken des Arms das Gewicht des Körpers einsetzen.

5

6

7

8

Uke mit *Juji-Gatame* angreifen, wenn er sein Revers ergriffen hat (Foto 7 und 8):
Tori schiebt seinen linken Unterarm so unter den zu hebelnden Arm, daß er unter Ukes Handgelenk liegt. Mit der rechten Hand erfaßt er die linke und drückt mit dem rechten Unterarm auf das Ellbogengelenk des zu hebelnden Arms. Gleichzeitig werden die Ellbogen zueinander geschoben; durch Zurückbeugen seines Oberkörpers löst Tori den Griff und beendet seine Technik.

Ude-Garami
(Armbeugehebel; *Ude* = Arm, *Garami* = gebeugt, gedreht)
Ukes gebeugter Arm wird im Ellbogengelenk nach innen oder außen gedreht. Tori liegt mit dem Bauch auf Uke. Mit seiner rechten Hand faßt er Ukes rechtes Handgelenk und winkelt den Arm an. Seine linke Hand schiebt er unter Ukes Arm durch und faßt sein eigenes rechtes Handgelenk. Der Hebel wirkt, wenn Ukes Ellbogen herangezogen und beim Anheben verdreht wird (Foto 9 und 10).
Wichtig
- Ukes Handgelenk wird in Richtung seines kleinen Fingers gedreht.
- Ukes Arm muß so weit angehoben werden, daß bei Ausführung der Technik kein verbotener Handhebel entsteht, weil Ukes Hand auf die Matte gepreßt wird.

Anwendungsmöglichkeiten
- aus *Yoko-Shiho-Gatame*
- wenn Uke in der Bankposition verteidigt
- aus der Rückenlage, wenn Uke von den Beinen her angreift
- im Stand

9

10

Befreiungen
Tori greift mit dem angegriffenen Arm in den Gürtel oder in die Jacke. Er kann auch den angegriffenen Arm mit seiner freien Hand fassen und durch eine Körperdrehung Ukes Griff sprengen.

Ude-Gatame
(mit beiden Händen von hinten auf den Ellbogen drücken)
Der zu hebelnde Arm wird von Tori zwischen Kopf und Schulter eingeklemmt. Dann drückt er mit beiden Händen von hinten auf das Ellbogengelenk.
Anwendungsmöglichkeiten
- Aus *Yoko-Shiho-Gatame*, wenn Uke gegen Toris Schulter drückt (Foto 11).
- Als Konter gegen einen Angriff Ukes aus der Position zwischen den Beinen, wenn er zu hoch in Toris Kragen greift und den Arm nicht beugt.
- Als Befreiung aus *Yoko-Shiho-Gatame* (siehe Seite 101).
- Im Stand, wenn Uke bei einem mißglückten Wurfansatz den Arm nicht sofort anwinkelt.

11

Kannuki-Gatame
(Riegelstreckhebel; *Kannuki* = Riegel)
Tori klemmt einen Arm Ukes unter der Achsel ein, verriegelt ihn und überstreckt dann das Ellbogengelenk (Foto 12).
Anwendungsmöglichkeiten

- Uke greift aus der Position zwischen den Beinen an. Tori klemmt das rechte Handgelenk Ukes unter seiner linken Achsel ein, rutscht zur Seite und drückt mit seinem Unterarm gegen Ukes Ellbogen. Der Riegel kommt zustande, indem Tori mit seiner rechten Hand auf Ukes rechte Schulter drückt und mit seiner linken Hand auf den rechten Unterarm greift.
- im Stand
- aus *Tate-Shiho-Gatame* am gestreckten Arm

Waki-Gatame
(mit der Körperseite hebeln; *Waki* = Körperseite)
Tori kontrolliert den Arm des Partners, indem er ihn zwischen Oberarm und Körper einklemmt. Die Hebelwirkung wird durch Druck mit der Körperseite von hinten auf das Ellbogengelenk erzielt (Foto 13).
Anwendungsmöglichkeiten

- Wenn Uke mit *Kuzure-Kesa-Gatame* festgehalten wird und versucht, sich durch eine Drehung nach rechts aus dem Haltegriff zu befreien.
- Tori kontert, wenn Uke sich durch eine Drehung aus *Kami-Shiho-Gatame* befreien will.
- Kontern eines Angriffs gegen die Bankposition (siehe Seite 167).
- in der Standposition (siehe Seite 100).

12

13

Hara-Gatame

(mit dem Bauch hebeln; *Hara* = Körpermitte, Bauch)

Toris Bauch dient als Unterstützungspunkt oder wird aktiv von hinten gegen Ukes Ellbogen gedrückt. Man kann so Beuge- und Streckhebel ausführen.

Anwendungsmöglichkeiten

- Tori hält *Ushiro-Kesa-Gatame*, legt mit seinem linken Bein Ukes rechtes Bein fest und überstreckt den Ellbogen mit seinem Bauch (Foto 14).
- als Folgeangriff aus *Kuzure-Kesa-Gatame*
- Wenn Uke in der Bauchlage oder Bankposition verteidigt und es gelingt, einen Arm zu strecken.
- im Stand ähnlich *Waki-Gatame*

Ashi-Gatame

(mit dem Bein hebeln; *Ashi* = Bein, Fuß)

Der Ellbogen des Partners wird mit Hilfe von Toris Bein oder Knie gehebelt.

Anwendungsmöglichkeiten

- Angriff gegen die Bankposition. Uke greift zur Verteidigung nach Toris Bein. Dieser klemmt den Arm ein, während er den Partner mit dem Körper belastet. Die Wirkung des Hebels tritt ein, wenn Tori sein Knie nach unten und die Ferse nach oben drückt (Foto 15).
- Als Angriffsweiterführung aus *Kesa-Gatame*, wenn Uke seinen Arm aus der Kontrolle gelöst hat.
- Wenn Tori von den Beinen her angegriffen wird, kann der einen Arm einklemmen, zur Seite wegrutschen und versuchen, mit seinem Knie von hinten gegen Ukes Ellbogen zu drücken.

14

15

Befreiungs- und Verteidigungsmöglichkeiten
gegen *Ude-Gatame, Kannuki-Gatame, Waki-Gatame, Hara-Gatame* und *Ashi-Gatame*
Da der Angreifer immer darauf angewiesen ist, den Arm des Partners zu fixieren und zu strecken, besteht die wirksamste Verteidigung gegen diese Hebel darin, den angegriffenen Arm zu beugen und an den Körper zu pressen. Gefahr besteht immer nur, wenn ein Arm ausgestreckt ist.

Würgegriffe (Shime-Waza)

Würgegriffe werden angesetzt aus einer stabilen Position, in der der Angreifer seinen Gegner völlig unter Kontrolle hat. Der Punkt (*Ippon*) ist dann erreicht, wenn der Gegner aufgibt oder der Erfolg der Technik klar ersichtlich ist.
Gewürgt wird nur der Hals mit dem Kragen der Judojacke oder mit den Unterarmen. Würgegriffe nur mit den Fingern um den Hals oder mit den Beinen um die Nieren sind wegen ihrer Gefährlichkeit verboten; allerdings kann man mit den Beinen auch den Hals würgen. Wegen der Gefahr eines Genickhebels muß dann aber immer ein Arm Ukes mit eingeklemmt werden.

Die Wirkung eines Würgegriffs kann aus zwei Gründen eintreten:
1. Die Blutversorgung des Gehirns wird unterbrochen (Venen und Arterien des Halses werden abgeschnürt).
2. Die Luftzufuhr wird unterbrochen.
Die meisten Würgegriffe wirken auf Arterien und Venen.
Bei der Einteilung in Gruppen werden die Körperteile berücksichtigt, die den Würgegriff verursachen, und die Art, in der der gegnerische Körper kontrolliert wird.

Es gibt sieben Gruppen von Würgegriffen:

1. *Juji-Jime*	= mit gekreuzten Unterarmen würgen, Kreuzwürgen
2. *Ryo-Te-Jime*	= mit parallelen Unterarmen würgen
3. *Kata-Te-Jime*	= mit einer Hand würgen
4. *Hadaka-Jime*	= Würgegriff ohne Hilfe des Kragens
5. *Okuri-Eri-Jime*	= mit dem Kragen von hinten würgen
6. *Kata-Ha-Jime*	= eine Seite kontrollieren und würgen
7. *Ashi-Jime*	= Würgegriff mit Hilfe der Beine

Juji-Jime
(Kreuzwürgen, würgen mit gekreuzten Unterarmen. *Juji* = Kreuz, *Jime* = Würgen)
Toris Arme sind gekreuzt und werden tief in Ukes Kragen geführt. Die Wirkung tritt ein, wenn Uke herangezogen wird.
Es gibt drei mögliche Variationen der Handhaltung. Tori kann beim Würgen (a) beide Handrücken oben haben – die Daumen greifen in den Kragen Ukes; (b) beide Handflächen nach oben gerichtet haben – die Daumen sind außen; (c) einen Daumen innen und einen Daumen außen haben.
Anwendungsmöglichkeiten
- aus *Tate-Shiho-Gatame* heraus (Foto 1)
- der Partner wird zwischen den Beinen kontrolliert
- als Abwehrmaßnahme, wenn Tori mit *Kami-Shiho-Gatame* festgehalten wird

Verteidigung
- Ukes Arme werden zusammengedrückt; er kann Tori nicht heranziehen.
- Tori zieht sein Kinn heran und spannt die Halsmuskeln an.

Ryo-Te-Jime
(Würgegriff mit parallelen Armen, Drehwürgegriff; *Ryo-Te* = beide Hände)
Tori greift, ohne seine Arme zu kreuzen, von vorn tief in den Kragen des Partners. An seiner rechten Hand ist der Daumen außen, an der linken Hand innen. Tori dreht seinen Körper nach links und drückt seinen rechten Ellbogen nach Ukes rechter Seite. Dadurch kreuzen sich nun die Arme, und die Wirkung tritt sofort ein (Foto 2).

1

2

Anwendungsmöglichkeiten

- aus dem Stand
- Wenn Uke von den Beinen her angreift und zu *Yoko-Shiho-Gatame* übergehen will.

Verteidigung

Tori verhindert das Kreuzen der Arme, indem er (a) Ukes Drehung mitmacht und sich auf ihn setzt oder (b) seinen linken Arm zwischen den Armen Ukes durchsteckt und so den Ellbogen blockiert.

Kata-Te-Jime

(Würgen mit einer Hand)

Wenn der Partner nicht mehr in der Lage ist, sich wegzudrehen, kann Tori mit einer Hand würgen. Er faßt mit seiner Hand das gegenüberliegende Revers und würgt mit dem Unterarm.

Anwendungsmöglichkeiten

- Aus *Kuzure-Kami-Shiho-Gatame* (siehe Seite 144) läßt Tori mit seiner linken Hand Ukes Gürtel los, faßt dessen linkes Revers und würgt mit seinem linken Unterarm quer über Ukes Hals (Foto 3).
- aus *Tate-Shiho-Gatame*
- wenn Uke in der Bankposition verteidigt

Verteidigung

Tori zieht das Kinn auf die Brust, um seinen Hals vor dem direkten Angriff zu schützen.

Hadaka-Jime

(Würgen ohne Hilfe des Kragens; *Hadaka* = frei, nackt)

Ukes Hals wird von hinten mit einem Arm umschlungen; sein Kehlkopf liegt in Toris Ellbogenbeuge. Er wird mit Hilfe von Toris anderem Arm gewürgt (Foto 4).

Anwendungsmöglichkeit

Uke verteidigt in der Bankposition und wird von hinten angegriffen.

Verteidigung

Tori nimmt sein Kinn auf die Brust und zieht mit beiden Händen Ukes Arm herunter.

Okuri-Eri-Jime

(Kragenwürgen von hinten; *Okuri* = beide, zwei, *Eri* = Revers, Kragen)

Uke liegt mit dem Rücken auf Toris Bauch. Tori faßt mit einer Hand direkt um Ukes Hals in dessen Revers und würgt. Mit der anderen Hand faßt er unter Ukes Arm durch das andere Revers und zieht es nach unten (Foto 5).

Anwendungsmöglichkeiten

- Uke verteidigt in der Bankposition. In diesem Fall kann Tori auch seine Hüfte zur Hilfe nehmen, um die Wirkung des Würgens zu verstärken (Foto 6).
- Uke dreht sich von Tori weg aus einem Haltegriff heraus.

Verteidigung

Tori preßt sein Kinn auf die Brust. Mit seinen Händen zieht er sein Revers nach unten und zwingt Uke damit, seinen Griff zu lösen.

3

4

5

6

Kata-Ha-Jime
(einen Arm festlegen und würgen; *Kata-Ha* = ein Flügel, eine Körperseite, ein Arm)
Toris rechte Hand greift um Ukes Hals in den linken Kragen (wie bei *Okuri-Eri-Jime*). Der linke Arm blockiert Ukes Schulter und Arm. Er verstärkt die Wirkung des Würgens und drückt von hinten gegen Ukes Hals (Foto 7).
Anwendungsmöglichkeit
Uke verteidigt in der Bankposition
Verteidigung
Tori muß zeitig verhindern, daß Uke seinen linken Arm zum Würgen einsetzen kann.

Ashi-Jime
(Würgen mit Hilfe der Beine, eines Beins; *Ashi* = Bein, Fuß)
Der Hals und ein Arm des Partners werden in einem ‹Dreieck›, bestehend aus Toris linkem Oberschenkel, rechtem Unter- und Oberschenkel, eingeklemmt (*Sankaku-Jime* = Dreieckswürgen). Zum Würgen werden die Oberschenkel zusammengedrückt.
Anwendungsmöglichkeiten
- Uke greift von den Beinen her an (Foto 8).
- Tori liegt in *Yoko-Shiho-Gatame* und befreit sich (siehe Seite 137).

Verteidigung
Der Angegriffene muß das Kreuzen der Beine verhindern.

7

8

Verteidigungspositionen am Boden – Angriff und Konter

Betrachtet man die Möglichkeiten und Anforderungen des Stand- und Bodenkampfs, fallen gewisse Parallelen auf. Die Grifftechniken, die zum Erfolg führen, nämlich Haltegriffe, Armhebel und Würgegriffe, sind als Endphasen der Handlung ebenso einfach zu lernen wie die Wurftechniken im Stand. Die Schwierigkeit besteht darin, diese auch wirklich ansetzen zu können. Am Boden ist die Situation, bedingt durch die langsameren Bewegungen, jedoch besser zu überschauen. Die Möglichkeiten sind besser einzugrenzen.

Der Bodenkampf kann aus den Positionen des Obermanns und Untermanns bzw. den Situationen des Angreifers oder Verteidigers geführt werden. Angestrebte Endpositionen sind die drei Arten von Grifftechniken. Bevor diese erreicht werden, gilt es, sich mit der Phase der Annäherung zu befassen.

Da laut Regel ein Haltegriff dann nicht gegeben ist, wenn der Untermann auf dem Bauch liegt, der Obermann zwischen den Beinen des Untermanns eingeklemmt ist oder der Untermann ein Bein des Obermanns umklammert hält, ergeben sich daraus die klassischen Verteidigungspositionen:

1. Bank- oder Bauchlage (Foto 1)
2. Rückenlage oder Sitz (Foto 2)
3. Umklammerung eines Beins des Angreifers (Foto 3)

Jede dieser Verteidigungspositionen erfordert bestimmte Angriffstechniken, sogenannte *Eingänge*, die dann zu einer kampfentscheidenden Grifftechnik führen.

Ebenfalls sind bestimmte Kontertechniken möglich, mit denen der Untermann als vermeintlicher Verteidiger zum Sieg kommen kann.

1

2

3

Allgemeine Hinweise für das Verhalten bei Angriff und Verteidigung:

Als Obermann

- Den Gegner mit dem Körpergewicht belasten und im Bereich der Hüfte bzw. des Oberkörpers blockieren. Die Tätigkeit seiner Arme und Beine kontrollieren.
- Vermeiden, zwischen die Beine des Gegners zu kommen, bzw. versuchen, diese schnell zu umgehen oder zu überwinden.
- Die Bodentechniken bei Aufrechterhaltung der Blockade bzw. Kontakte erarbeiten. Niemals alle Belastungs- und Kontaktpunkte zur gleichen Zeit wechseln.
- Vermeiden, mit langen und gestreckten Armen zu arbeiten; auf den Hals achten.

Als Untermann

- Durch schnelle Drehungen, Bewegungen und Wendigkeit verhindern, daß man blockiert und ‹festgenagelt› wird.
- Die Stellen angreifen, mit denen der Gegner sich abstützt (Arme und Knie); ständig sein Gleichgewicht stören.
- Als erstes versuchen, den Gegner zu drehen und zu wenden, um die Position des Obermanns zu erreichen.
- Den Gegner zwischen den Beinen kontrollieren, da von hier viele Würgegriffe und Armhebel möglich sind.

Angriff gegen die Bank- oder Bauchlage

Wenn der Gegner flach auf dem Bauch liegt, ist die Gelegenheit sehr günstig, ihn anzugreifen; denn er ist in dieser Position völlig dem sich über ihm befindenden Kämpfer ausgeliefert. Seine Möglichkeiten, sich zu verteidigen, sind durch die begrenzte Sicht und die mangelnde Beweglichkeit der Beine sehr eingeschränkt.

Verteidigt der Gegner in der etwas günstigeren Bankposition, so wird man zunächst versuchen, ihn in die Bauchlage zu zwingen. Der Angreifer muß die geschwächte Position seines Gegners für sich ausnutzen, indem er ihn in der Position mit dem Gesicht nach unten beläßt und verhindert, daß er eine Position einnimmt, in der er sich besser verteidigen kann. Ist der Gegner dementsprechend unter Kontrolle, kann der Angreifer seine Aktion weiterführen. Allerdings darf er seine Arme nicht unter die Arme des Gegners stecken, da dieser sonst Gelegenheit hat, den Angriff durch Überrollen oder Armhebel zu kontern (vgl. Seite 166).

Es gibt in dieser Situation viele Möglichkeiten, den Angriff mit einem Haltegriff, Armhebel oder Würgegriff fortzuführen. Wichtig ist dabei, nur gut beherrschte Techniken einzusetzen. Man muß freilich mehr als eine Technik beherrschen, um den vielen Möglichkeiten gewachsen zu sein, mit denen der Gegener sich zu verteidigen sucht.

Angriff (I): Umrollen und Festhalten

Tori fixiert Uke; seine rechte Hand greift den Gürtel, der Ellbogen drückt gegen Ukes Rücken. Mit der linken Hand greift er unter dem Bauch hindurch den Ärmel von Ukes linkem Arm (Foto 1).

Ukes Oberkörper wird umgerollt, indem Tori den Arm heranzieht und mit seiner Hüfte gegen die Schulter drückt (Foto 2).

Tori rutscht nach und hält mit *Tate-Shiho-Gatame* fest. Die rechte Hand bleibt dabei im Gürtel (Foto 3).

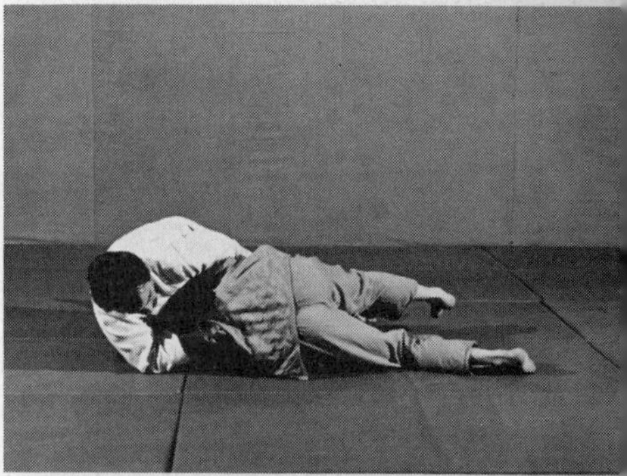

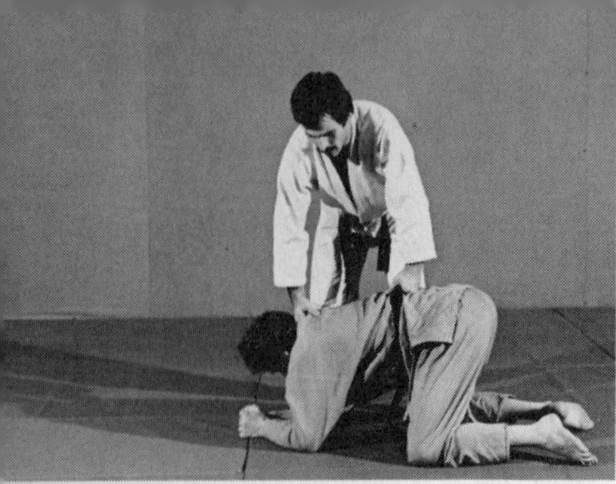

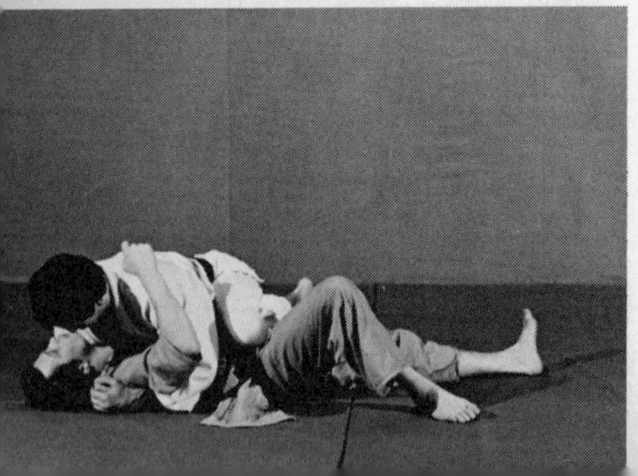

Angriff (II): Wenden und Festhalten

Uke wird an Kragen und Gürtel gepackt, nach vorn gezogen und damit in die Bauchlage gebracht (Foto 1).

In der Bauchlage wird er mit dem linken Knie fixiert. Toris linke Hand faßt den Stoff der Hose in Höhe des Knies, die rechte Hand den Stoff der Jacke in Höhe des Ellbogens (Foto 2).

Tori hebt Uke an Ellbogen und Knie an (Foto 3), wirft ihn auf den Rücken und fixiert ihn wieder mit dem Knie (Foto 4). Danach geht er zu einem Haltegriff über (*Yoko-* oder *Tate-Shiho-Gatame*).

Angriff (III): «Amerikanisches Auto»

Weil in der Endphase dieser Eingangstechnik Ukes Beine wie die Heckflügel eines alten amerikanischen Straßenkreuzers in die Luft ragen, hat diese Technik diesen ungewöhnlichen Spitznamen bekommen.

Uke wird im Kragen und Gürtel gefaßt. Während Tori ihn nach vorn–oben zieht, schwingt er sein Bein über ihn (Foto 1).

In der Endphase des Hochreißens drückt Tori seine Fersen zusammen (Foto 2).

Der wieder nach unten fallende Uke wird weiter nach vorn gedrückt und klemmt mit seinem Körper seine Arme ein. Tori schiebt seine Beine weiter unter Ukes Oberschenkel, drückt die Fersen nach oben und kontrolliert Uke, indem er zusätzlich sein Bekken vorschiebt (Foto 3).

Tori belastet zusätzlich mit seinem Oberkörper und hat nun beide Arme frei, um mit einem Würgegriff anzugreifen (*Hadaka-Jime*, *Okuri-Eri-Jime*) (Foto 4).

Angriff (IV): Armhebel *Juji-Gatame*

Tori steht über Uke. Er hat dessen rechten Arm unter Kontrolle, indem er ihn mit seinem rechten Arm einklemmt und dabei sein eigenes Revers faßt. Die linke Hand ergreift – wenn möglich – Ukes linkes Revers (Foto 1).

Tori nimmt sein linkes Bein vor Ukes Kopf und drückt diesen damit nach hinten. Dabei macht er eine Rolle über seine rechte Schulter. Sein linkes Bein schiebt er unter Ukes Körper durch (Foto 2).

Tori zwingt Uke durch den Druck beider Beine auf den Rücken (Foto 3).

Tori drückt seine Knie zusammen, um den Arm zu kontrollieren, und hebelt diesen mit *Juji-Gatame* (Foto 4).

Angriff (V): Würgegriff *Juji-Jime*

Dieser Angriff ist auch möglich, wenn Uke sich in der Banklage befindet. Er wird aus Gründen der besseren Anschaulichkeit aus dem Kniestand gezeigt, kann aber auch in dieser Form im Kampf angewendet werden.

Tori greift mit seiner linken Hand unter Ukes rechter Achselhöhle hindurch in Ukes linkes Revers (Daumen außen). Mit der rechten Hand ergreift er eine Jackenfalte auf Ukes rechter Schulter (Foto 1). Tori hält diesen Griff und legt sich neben Uke auf den Rücken (Foto 2).

Dieser wird durch den Schwung übergerollt (Foto 3).

Tori dreht sich auf Uke und würgt mit *Juji-Jime*. Dabei ist es günstig, das ganze Körpergewicht auf den rechten Unterarm zu legen (Foto 4).

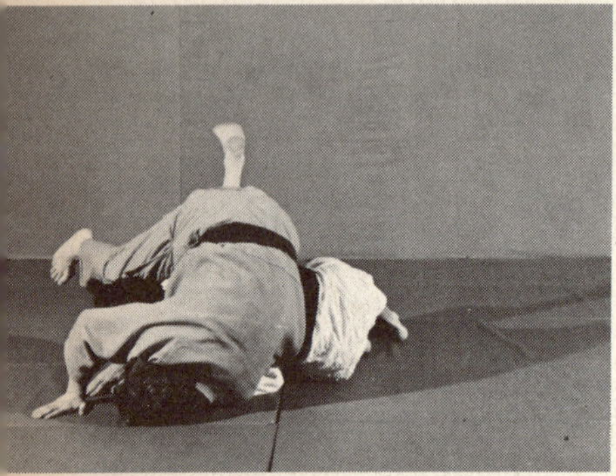

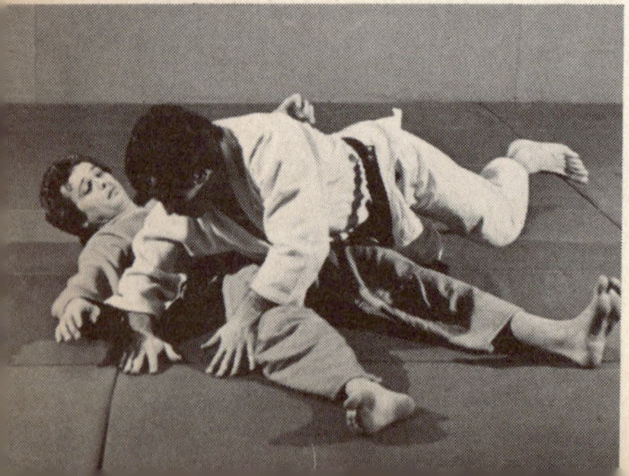

Konter aus der Bank- oder Bauchlage

Als Verteidigungsposition ist die Bank oder Bauchlage relativ ungünstig, da der Gegner nicht kontrolliert werden kann und gegen einen konsequent vorgetragenen Angriff wenig Abwehrchancen bestehen. Diese Position sollte deshalb nur ein Übergangsstadium sein, aus dem man entweder in den Stand übergeht, selbst angreift oder die Verteidigungsposition in der Rückenlage einnimmt. Es ist sehr wichtig, aus dieser passiven Lage heraus möglichst schnell wieder den Gegner anzugreifen. Wegen der besseren Beweglichkeit ist es günstig, die Banklage einzunehmen.

Konter (I): Arm einklemmen und rollen

Der Gegner hat seinen linken Arm unter Toris linker Achselhöhle durchgeschoben, um einen Würgegriff zu versuchen. Tori kontrolliert diesen Arm, indem er ihn mit seinem linken Arm einklemmt (Foto 1).

Tori dreht sich in Richtung seiner linken Schulter und zwingt den Gegner mitzurollen (Foto 2 und 3).

Wenn Tori seine Armhaltung beibehält, kann er mit *Ushiro-Kesa-Gatame* (siehe Seite 131) festhalten. Er kann sich aber auch weiterdrehen und, mit dem Bauch auf Uke liegend, einen *Yoko-Shiho-Gatame* (siehe Seite 134f) ansetzen (Foto 4).

Konter (II): Arm einklemmen und hebeln

Der Gegner greift von der Kopfseite her unter Toris Achselhöhle durch. Tori klemmt den Arm ein und dreht seinen Körper nach links. Er rutscht unter Uke weg, als wolle er zu *Kesa-Gatame* übergehen (Foto 1).

Durch Toris Wegtauchen fällt Uke flach auf den Bauch (Foto 2).

Tori dreht sich weiter nach links und hebelt den eingeklemmten Arm mit *Waki-Gatame* (siehe Seite 152) (Foto 3).

Angriff gegen die Verteidigungsposition Rückenlage
Hauptanliegen Toris muß es sein, die Beine Ukes zu umgehen. Wenn Tori erst einmal zwischen Ukes Beinen eingeklemmt ist, dann verliert er viel von seiner Beweglichkeit und ist für Konterangriffe sehr anfällig.

Angriff (I): Knie wegdrücken
Tori steht zwischen Ukes Beinen. Er faßt die Hose Ukes dicht über den Knien und spreizt seine Beine (Foto 1).
Mit seinem linken Unterschenkel blockiert er Toris rechten Oberschenkel und steigt über das Bein (Foto 2).
Während der linke Fuß Uke weiter kontrolliert, wird mit der linken Hand in Ukes rechtes Revers gegriffen und mit dem Unterarm die Brust belastet (Foto 3).
Tori rutscht weiter und hält mit *Kuzure-Kami-Shiho-Gatame* (siehe Seite 144) fest (Foto 4).

Angriff (II): Oberschenkel umklammern

Tori umklammert Ukes Oberschenkel mit beiden Armen (Foto 1).

Die auf diese Weise kontrollierten Beine werden umgangen. Wenn die Gelegenheit günstig erscheint, löst Tori die Umklammerung, kontrolliert Ukes Oberkörper, indem er umgreift, und hält mit *Yoko-Shiho-Gatame* (siehe Seite 134f) fest (Foto 2).

Angriff (III): Würgegriff *Kata-Te-Jime*

Tori kontrolliert mit der rechten Hand Ukes Körper am Gürtel. Mit der Schulter wird Ukes rechtes Bein weggedrückt. Die linke Hand Toris greift tief in Ukes Kragen (Daumen innen) (Foto 3).

Tori schwingt sein rechtes Bein hinter seinen Körper (wie *Ushiro-Kesa-Gatame* siehe Seite 131f) und umgeht damit Ukes Bein. Mit der rechten Hand kontrolliert er weiter im Gürtel. Der linke Unterarm würgt Uke mit *Kata-Te-Jime* (siehe Seite 156). Wenn der Würgegriff keine Wirkung zeigt, wechselt Tori weiter zu *Yoko-Shiho-Gatame* (siehe Seite 134f) (Foto 4).

Konter aus der Verteidigerposition Rückenlage

Wenn der Gegner aus der Verteidigungsposition ‹eigene Rückenlage› heraus angegriffen werden soll, ist es zunächst wichtig, beide Beine in die Richtung zu strecken, aus der sich der Gegner nähert. Beide Hände müssen benutzt werden, um die Bewegungen seines Körpers zu kontrollieren (siehe Foto).

Eine weitere Möglichkeit wäre, mit beiden Füßen die Hüften des Gegners zu blockieren. Mit der rechten Hand greift Tori tief in Ukes rechtes Revers, mit der linken Hand kontrolliert er den rechten Arm am Ärmel. Dies ist eine Grundverteidigungsposition, aus der heraus viele Angriffe geführt werden können.

Wenn es nicht gelingt, eine Verteidigungsposition einzunehmen, neigen viele Kämpfer zum Aufgeben. Sie umschlingen dann die Beine des Gegners oder greifen über dessen Rücken in seinen Gürtel. Dabei öffnen sie allerdings ihre Flanke und erleichtern es dem Gegner, einen Haltegriff anzusetzen.

Günstiger ist es, die Arme fest an die Seite zu pressen und den Gegner mit beiden Ellbogen und Händen nach unten zu drücken, um doch noch zu einem Gegenangriff zu kommen.

Kontertechnik (I): Umdrehen mit den Beinen

Tori hat zur besseren Kontrolle einseitig gegriffen. Sein linkes Bein blockiert Ukes rechtes Knie; mit dem Spann seines rechten Fußes kontrolliert er Ukes linkes Bein (Foto 1).

Uke wird herangezogen (‹langgemacht›) und nach seiner rechten Seite umgedreht. Tori hebt dazu Ukes linkes Bein mit seinem Spann in der Kniekehle an. Wichtig ist, daß Uke sich nicht abstützen kann (Foto 2).

Uke wird bis auf den Rücken gedreht; Tori bleibt dabei mit seinem rechten Fuß in der Kniekehle und dreht sich mit (Foto 3)

Tori kontrolliert Uke von oben und hält mit *Tate-Shiho-Gatame* (siehe Seite 139f) fest (Foto 4).

Kontertechnik (II): Armhebel *Juji-Gatame*

Uke greift an und ist schon halb an Tori vorbei. Tori greift Ukes Hosenbein (der Handrücken zeigt zum Boden) und fixiert den rechten Arm an seinem Körper (Foto 1).

Tori dreht seinen Körper quer zu Uke, indem er sich mit seiner rechten Hand herumzieht. Das linke Bein wird vor Ukes Kopf geschwungen (Foto 2).

Uke wird auf den Rücken gezwungen, indem Tori mit beiden Beinen drückt und zusätzlich Ukes linkes Bein anhebt (Foto 3).

Tori drückt beide Knie fest zusammen, nimmt seinen rechten Arm zu Hilfe und hebelt mit *Juji-Gatame* (siehe Seite 146) (Foto 4).

Kontertechnik (III): Armhebel *Ude-Garami*

Tori greift Ukes gegenüberliegendes Handgelenk (Handrücken nach oben) und drückt den Arm hinter Ukes Körper (Foto 1).

Mit der rechten Hand greift er über Ukes Ellbogen durch sein linkes Handgelenk, zieht Uke heran und hebelt mit *Ude-Garami* (siehe Seite 150) (Foto 2).

Kontertechnik (IV): Würgegriff *Juji-Jime*

Tori klemmt Ukes rechten Arm ein, indem er von hinten unter Ukes rechtem Oberarm hindurch in das linke Revers greift (Daumen nach außen) (Foto 3).

Mit seiner rechten Hand packt Tori eine Jackenfalte auf Ukes rechter Schulter und würgt mit *Juji-Jime* (siehe Seite 155) (Foto 4).

Angriff gegen die Verteidigungsposition: ein Bein des Gegners klammern

Toris linkes Bein wird über Ukes rechtes Bein gelegt und in der Kniekehle des rechten Beins abgesichert (*Sankaku*-Technik; siehe Seite 138). Mit dem rechten Bein umschlingt Tori zusätzlich Ukes Schienbein (siehe Foto).

Wichtig

- Die sicherste Verteidigung ist, ein Bein des Gegners mit beiden Beinen zu umschlingen.
- Man kann die Umklammerung zusätzlich absichern, indem man die Hüfte mit anhebt und zum Gegner dreht, mit der freien Hand in den Hosensaum greift oder mit beiden Armen die Hüfte des Gegners umklammert.
- Die Befreiungsversuche des Gegners müssen frühzeitig erkannt und verhindert werden. Wenn es diesem gelingt, mit einer Hand nach hinten zu greifen, wird er sich auf jeden Fall befreien können. Dies muß unbedingt verhindert werden.

Loslösen eines ‹eingeklammerten Beins›

Uke wird kontrolliert, indem Tori seinen Kopf und Oberarm mit der Jacke fixiert. Mit der rechten Hand drückt Tori Ukes Knie weg und lockert die Umklammerung, indem er sein Knie anwinkelt (Foto 1).

Mit seinem anderen Bein wird die Umklammerung endgültig gelöst (Foto 2).

Tori zieht sein Bein heraus und hält dann mit *Tate-Shiho-Gatame* fest (Foto 3).

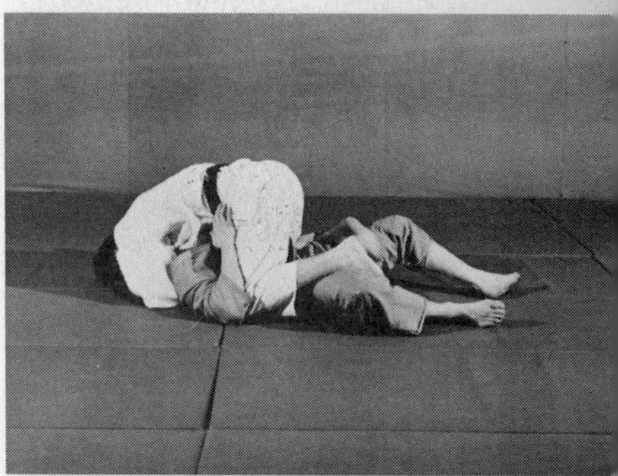

Technik- oder Fertigkeitstraining

Lernstufen beim Erlernen der Judotechniken

Judotechniken bis zu einem solchen Grad der Vollkommenheit zu lernen, daß diese auch unter Wettkampfbedingungen nahezu automatisch ausgeführt werden, kann nur das Ergebnis einer großen Zahl von Wiederholungen unter den verschiedensten Bedingungen sein. Der lange Übungs- und Trainingsprozeß, der zu diesem Ziel führt, läßt sich grob in drei Phasen unterteilen:

1. Grobkoordination
Von einer neu zu erlernenden Technik muß der Lernende zunächst eine grobe Vorstellung des Bewegungsablaufs erwerben (Bewegungsvorstellung). Dies geschieht zumeist durch das Vormachen des Trainers, durch Bilder, Bildserien oder Filme. Anschließend erfolgen die ersten praktischen Versuche, die meist nicht sofort gelingen.
Nach einigem Üben wird die Lernstufe der Grobkoordination erreicht: Die Bewegung kann unter günstigen Bedingungen ausgeführt werden. Das heißt, der Partner soll den Wurf, Gegenwurf, Angriff usw. bewußt mitvollziehen und seine Ausführung nicht nur nicht behindern, sondern unter Umständen sogar aktiv unterstützen.

2. Feinkoordination
In der nun anschließenden Lernstufe wird die Feinkoordination der Bewegung erworben: Der Lernende kann unter den gewohnten Übungsbedingungen die neue Bewegung entsprechend dem technischen Leitbild annähernd fehlerfrei ausführen. Bei starkem Widerstand des Partners treten noch Mängel in der Bewegungsausführung auf.
Gedankenlose Wiederholungen führen dabei häufig zur Festigung von

Fehlern. Während es in der ersten Lernstufe nur um die elementare Ausführung der Technik (des Wurfs) ging, muß nun eine ‹Rückwendung› der Aufmerksamkeit auf die Bewegungsführung der Gliedmaßen, des Rumpfs, auf die Haltung des Kopfs und auf andere Einzelmerkmale in den verschiedenen Bewegungsphasen erfolgen.

3. Lernstufe des Könnens

In der dritten Lernstufe soll ein Stadium erreicht werden, in dem der Lernende die Bewegung auch unter schwierigen und ungewohnten Bedingungen sicher ausführen und jederzeit anwenden kann.
Das Ergebnis dieser dritten Lernstufe wird mit ‹Stadium des Könnens› bezeichnet. Der Bewegungsvollzug ist zu einer Fertigkeit geworden; es können so komplexe Empfindungen wie das ‹Wurfgefühl› entstehen.
Eine Wurfausführung muß sich auch an gegnerische Abwehrreaktionen anpassen können. Dabei kann sich ein Wurf, der mit letztem Einsatz noch erfolgreich ausgeführt wird, deutlich vom erlernten ‹technischen Idealbild› unterscheiden, da der Bewegungsablauf entsprechend der konkreten Situation verändert und den neuen Bedingungen angepaßt werden muß. Im Verlauf dieser Lernstufe kann der Lernende seine Aufmerksamkeit mehr und mehr von der Bewegungsausführung lösen, von den ‹Knotenpunkten› abgesehen. Es tritt eine ‹Automatisierung› des Bewegungsvollzugs bzw. einzelner Komponenten der Handlung ein. Dies beinhaltet eine Stabilisierung des Leistungsverhaltens: Der Lernende muß seine Aufmerksamkeit nicht mehr bewußt auf die Ausführung richten. Ablauf und Korrektur der Bewegung werden dabei von untergeordneten, nicht unter direkter Kontrolle des Bewußtseins stehenden Nervenzentren gesteuert. Der Judoka kann sich somit mehr auf die Verfolgung des taktischen Geschehens, die rechtzeitige Vorausnahme von Schwierigkeiten und auf die volle Ausschöpfung der konditionellen Fähigkeiten konzentrieren.
Ein völliger Abschluß der dritten Lernstufe und damit des gesamten Lernprozesses kommt praktisch nicht vor, da auch die durch Training veränderten Leistungsfaktoren, insbesondere die Weiterentwicklung der konditionellen Fähigkeiten (Kraft, Schnelligkeit, Ausdauer), eine ständige Weiterentwicklung der Technik erfordern.

Methoden der Technikvermittlung

Ganzheitsmethode

‹Die ganze Bewegung beinhaltet mehr als die Summe ihrer Teile.› Dieser Satz aus der Lernpsychologie bedeutet übertragen auf Judo, daß es für einen Wurf zunächst immer günstiger ist, wenn er als ganze Bewegung gelernt wird. Dabei wird die zu erlernende Technik zunächst

vorgestellt und erklärt. Danach wird sie mit einem Partner geübt, der keinen Widerstand leistet und bei der Ausführung mitgeht.
Die Ausführung kann dabei durch ‹Geländehilfen› erleichtert und in die richtigen Bahnen gelenkt werden.
Eine «Eindrehtechnik auf beiden Beinen» wird auf ‹Schienen› ausgeführt: Uke steht oder geht auf den Schienen, Tori dreht sich ein und hat dabei seine Füße zwischen den Schienen (Foto 1).
Eine «Eindrehtechnik auf einem Bein»: Tori steht mit einem Bein zwischen den Schienen (*Harai-Goshi*; Foto 2) oder auf einer Schiene (*Ashi-Guruma*).
Tori zieht Uke im Kreis um sich herum und wirft (Foto 3).
Auf dem Rechteck springt Tori zwischen Ukes Beine (Foto 4).

1

2

3

4

1

2

3

Methodische Reihe

Es gibt Würfe, die so schwierig sind, daß die Ganzheitsmethode nicht den gewünschten Erfolg bringt. Hier ist es günstiger, die Bewegung in sinnvolle Abschnitte zu zerlegen und diese isoliert zu üben. Die Gesamtbewegung wird dann aus ihren Phasen wieder zusammengesetzt. Wichtig ist, sich an die methodischen Prinzipien ‹Vom Leichten zum Schweren› und ‹Vom Bekannten zum Unbekannten› zu halten. Dabei muß aber immer die Vorstellung von der Gesamtheit der Bewegung gewahrt bleiben.

Hier wird eine methodische Reihe für den Wurf *Seoi-Nage* vorgestellt. Die größten Schwierigkeiten haben Anfänger beim Schulterwurf mit der Fallübung.

Uke macht eine Fallübung vorwärts über den am Boden hockenden Tori (Foto 1).

Tori geht während der Fallübung mit dem Gesäß nach oben und vergrößert so Fallhöhe und Schwung (Foto 2).

Uke wird mit Schulterwurf geworfen (Foto 3).

Der Wurf sollte möglichst bald als Ganzheit geübt werden.

Der Widerstand Ukes sollte immer größer werden, um den Bewegungsrhythmus, der bei einem sperrenden Partner nötig ist, bei Tori zu vermitteln.

Die klassischen Methoden des Judostudiums

Es gibt drei klassische Methoden, Judo zu betreiben: *Kata, Randori* und *Shiai.*
In der *Kata*-Methode weiß der Partner genau, was geschieht. Jeder Schritt und jede Bewegung sind bekannt. Eine Verletzungsgefahr ist praktisch nicht gegeben. Anfänger trainieren *Kata,* um die korrekte Technik in der Grobform aus der Bewegung zu schulen. Bei Fortgeschrittenen soll die *Kata* das technische Vermögen und das Verständnis der Judoprinzipien ausdrücken.
Die zweite Methode ist das *Randori,* der freie Übungskampf. Dies bedeutet ein ernsthaftes Kämpfen unter Einhaltung der Kampfregeln, jedoch ohne letzten Einsatz und mit allen möglichen Partnern. Beim *Randori* gibt es keinen Sieger oder Verlierer. Jeder Partner versucht seine Techniken anzuwenden, ohne gleich im Ansatz niedergehalten zu werden. Nach einem *Randori* sollten beide Partner das Gefühl haben, etwas profitiert zu haben.
Die Methode *Shiai* (= Wettkampf) dient der Überprüfung der im Training geleisteten Arbeit und des Lernfortschritts.

Methoden zur Festigung der Wurftechniken

Es gibt eine ganze Anzahl von Übungsformen, die dazu dienen, die einmal erlernten Würfe zu wiederholen und wichtige Phasen des Bewegungsablaufs gezielt zu verbessern.

Tandoku-Renshu
(*Tandoku* = allein, *Renshu* = üben)
Diese Übungsmethode beinhaltet sogenannte Imitationsübungen. Die Bewegung wird allein (ohne Partner) ausgeführt. Der Anfänger benutzt diese Übung, um den Bewegungsablauf zu festigen und frei von störenden Einflüssen zu üben. Leistungssportler schulen Schnelligkeit oder Ausdauer.
Eine oft benutzte Form ist *Fußfegen,* rechts und links abwechselnd ausgeführt (Foto 1, Seite 182).
Eine weitere Übungsform ist der *Schulterwurf* rechts und links abwechselnd zur Schulung von Kraft und Gleichgewichtsgefühl (Foto 2, Seite 182).

1

2

Uchi-Komi

Die wichtigsten Phasen eines Wurfs sind *Kuzushi* (= Gleichgewichtsbrechen) und *Tsukuri* (= Wurfansatz). Die Übungsform *Uchi-Komi* schult beide Phasen, indem Tori den Wurf bis zum Eingang durchführt, Uke dann wieder abstellt und von neuem ansetzt.

Ein Ansatz ist noch kein *Uchi-Komi*. Erst eine bestimmte Anzahl von Wiederholungen (je nach Absicht) in rhythmischer Folge werden so bezeichnet.

Ziel ist, die Eingangsbewegung zu automatisieren. Während einer ‹Serie› darf die Technik nicht geändert werden.

Je nach Übungsabsicht, Ausbildungsstufe und Technik gibt es verschiedene Formen des *Uchi-Komi*-Trainings:

3

Basis-Uchi-Komi für alle Eindrehtechniken

Bei fehlendem Armzug, falscher Kopfhaltung und schlechtem Oberkörperkontakt wird *Basis-Uchi-Komi* praktiziert.

Tori dreht sich mit der Schrittfolge rechts–links ein. Der Zugarm muß unter der Spannung bleiben; der kleine Finger zeigt nach oben, und die Zugbewegung geht aufwärts. Die ganze Körperseite hat Kontakt. Der Kopf eilt der Eindrehbewegung voraus und zeigt in Wurfrichtung (Foto 3).

Je nach Übungsabsicht können einzelne Phasen des Wurfs besonders geschult werden:

Uchi-Komi für O-Soto-Gari
Die Phase schneller Wurfeingang und Gleichgewichtbrechen sind bei *O-Soto-Gari* sehr wichtig. Sie werden durch eine außergewöhnliche Ausgangsposition besonders geschult.
Tori hat normal gefaßt und stellt sein linkes Bein weit nach hinten (Foto 4). Nach einem weiten Schritt nach vorn setzt er die *große Außensichel* an und geht dann in seine Ausgangsposition zurück (Foto 5).

Uchi-Komi an der Wand
Bei den *Innensicheln* sind Körperkontakt und Sichelbewegung die wichtigsten Punkte. Um mit mehreren Wiederholungen und maximalem Einsatz sinnvoll mehrmals ansetzen zu können, wird der Partner mit dem Rücken an die Wand gestellt (Foto 6).

4

5

6

7

Dreier-Uchi-Komi
Um die Kraft zu schulen, gibt es folgende Übungsform: Tori hebt wegen der größeren Belastung zwei Partner aus. Die abgebildete Form (Foto 7) wird bei Eindrehtechniken angewendet. Für Fußwürfe kann auch ein *Dreier-Uchi-Komi* durchgeführt werden. Der zweite Partner hält dann von hinten fest, während Tori mit aller Kraft ansetzt. Bleibt Tori voll angespannt fünf bis sieben Sekunden in seinem Ansatz, ist dies zugleich ein techniknahes isometrisches Krafttraining.

8

Uchi-Komi mit Gummiband
Eine andere Art, Wurfeingänge in Verbindung mit Kraftschulung zu trainieren, ist das Training mit einem Gummiband (Foto 8). Neben der Schnelligkeit des Eingangs werden auch Kraft und Gefühl für die richtige Wurfrichtung geschult.
Wichtig
Die Gummibänder müssen während des ganzen Eingangs unter Spannung bleiben.

Uchi-Komi zur Schulung von Kraft, Schnelligkeit und Ausdauer
Zunächst muß die bevorzugte Faßart genommen werden. Je nach Absicht unterscheiden sich Wiederholungszahl, Tempo der Ausführung und Pausenlänge.
Schnelligkeitstraining: Seriendauer 20 Sekunden, ansatzlos und möglichst oft eindrehen; Pause, bis man sich völlig erholt hat (Puls unter 100 Schläge/Min.)
Krafttraining: kurze Serien, circa fünf Wiederholungen bei hoher Gewichtsbelastung (ein schwerer Partner oder *Dreier-Uchi-Komi*); vollständige Erholung (Puls unter 100 Schläge/Min.)

Ausdauertraining: lange Serien (ab 50 Wiederholungen); unvollständige Erholung zwischen den Serien (Puls unter 130 Schläge/Min.)
Kraftausdauertraining: Seriendauer 30 bis 60 Sekunden, drei bis fünf Serien; unvollständige Erholung (Puls unter 130 Schläge/Min.)

Butsukari-Geiko

Entsprechend dem Leistungsvermögen und dem Grad der Festigung der Technik muß das *Uchi-Komi* gegen den wachsenden Widerstand des Partners ausgeführt werden. Diese Form heißt *Butsukari-Geiko* (= gegen etwas anrennen). Sie muß möglichst bald geübt werden, da es wenig Sinn hat, sich an der technisch perfekten Ausführung des Wurfs bei einem locker stehenden Partner zu berauschen. Endziel ist, einen Gegner zu werfen, der sich mit allen erlaubten Mitteln zur Wehr setzt. Diese Situation muß geübt werden.

Yakusoku-Geiko

(Üben nach Vereinbarung)

Um gewisse, vorher bestimmte Bewegungen oder Situationen zu schulen, wird diese Übungsform benutzt. Es handelt sich entweder um einen Übungskampf mit einem bestimmten taktischen Auftrag, oder sie ist zur Verbesserung bestimmter Fertigkeiten angebracht. Solche Möglichkeiten sind unter anderem:

- die Verteidigung mit aufrechter Haltung zu schulen, wenn ein Partner seine Hände auf den Rücken nimmt (Foto 9);
- die Schulung von Gleichgewichtsgefühl und Abwehr, wenn die Augen verbunden sind (Foto 10).

9

10

Kakari-Geiko
(Übungskampf mit mehreren Partnern nacheinander)
Eine Stabilisierung der Wettkampftechnik erfolgt nur im Wettkampftempo oder bei noch höherer Belastung. Dies bedeutet ein Üben unter Wettkampfbedingungen, also im Übungskampf oder im Wettkampf selbst. Sehr belastend ist der Übungskampf gegen mehrere frische Partner hintereinander. Dabei ist nicht der Sieg das Hauptziel, sondern die Stabilisierung der erlernten Technik unter Wettkampfbedingungen. Wichtig ist die richtige Auswahl des Gegners bezüglich seiner Leistungsstärke und Kampfweise.

Methoden zur Festigung der Bodentechniken

Der Bodenkampf ist ein sehr großes Gebiet. Es empfiehlt sich, zunächst Haltegriffe und dazugehörige Befreiungen zu üben. Dies kann schon bald als Wettbewerbsform geschehen.
Um möglichst rasch ein Gefühl für die Bewegungen Ukes zu entwikkeln, ist eine Übung günstig, bei der Tori mit hinter dem Rücken verschränkten Händen festhält. Uke versucht aufzustehen, ohne jedoch seine Hände zu gebrauchen (siehe Foto). – Eine wirksame Übungsform ist auch der Bodenkampf mit geschlossenen oder verbundenen Augen. Zudem bieten sich viele Übungen, die schon im Kapitel «Gewandtheit» (Seite 29 ff) vorgestellt wurden, für die Verbesserung des Bodenkampfs an. Nach den Haltegriffen sollte man sich frühzeitig den Eingängen zuwenden. Der Übergang vom Stand zum Boden und der Angriff gegen die verschiedenen Verteidigungspositionen Ukes sind sehr wichtig und können immer wieder als Wettbewerbsform geübt werden.
Erst wenn es gelingt, den Partner mit Haltegriffen sicher zu beherrschen, ist es sinnvoll, sich mit Armhebeln und Würgegriffen zu beschäftigen.

Wettkampf

Zur Strategie

Strategie im Judowettkampf ist ein unter Beachtung der Wettkampfregeln konstruierter Verhaltensplan. Nach diesem Verhaltensplan wählt der Kämpfer in den jeweiligen Kampfsituationen die anzuwendende Technik aus. Der Kämpfer muß sich also über sein Vorgehen schon vorher schlüssig sein und darf sich nicht erst während des Kampfs entscheiden, welche Möglichkeiten er bei diesem Gegner in dieser Situation überhaupt hat. Der Einsatz einer Strategie gegen einen bestimmten Gegner hängt dabei nicht zuletzt von dem Stand der Informationen über diesen Gegner ab.
Beim Erarbeiten einer Strategie gegen einen zu erwartenden Gegner muß das Leistungsvermögen beider Kämpfer (etwa bezüglich Spezialtechniken, Einstellungsfähigkeit, Schnelligkeit, Kraft, Ausdauer) gegeneinander abgewogen werden. Auf dieser Grundlage wird eine Kampfkonzeption erstellt.
Dabei muß sich der Kämpfer Gedanken machen und diese auch schriftlich festhalten über: mögliche Angriffs-, Gegenangriffs-, Verteidigungshandlungen; Faßart und Tempoverhalten (Kämpfen mit viel Bewegung oder mehr aus dem Stehen); mögliche Antworten auf Störmaßnahmen des Gegners (Kombinationen mit anderen Würfen, Übergänge zur Bodenarbeit).
Selbstverständlich kann ein Kämpfer nicht vor jedem Wettkampf alle Probleme durchdenken. Mit zunehmender Wettkampferfahrung wird er aber immer mehr Fragen in seine Überlegungen einbeziehen. Dies führt zur Erstellung von sogenannten *Handlungsketten*. Der Kämpfer betrachtet und trainiert systematisch Möglichkeiten des Angriffs im

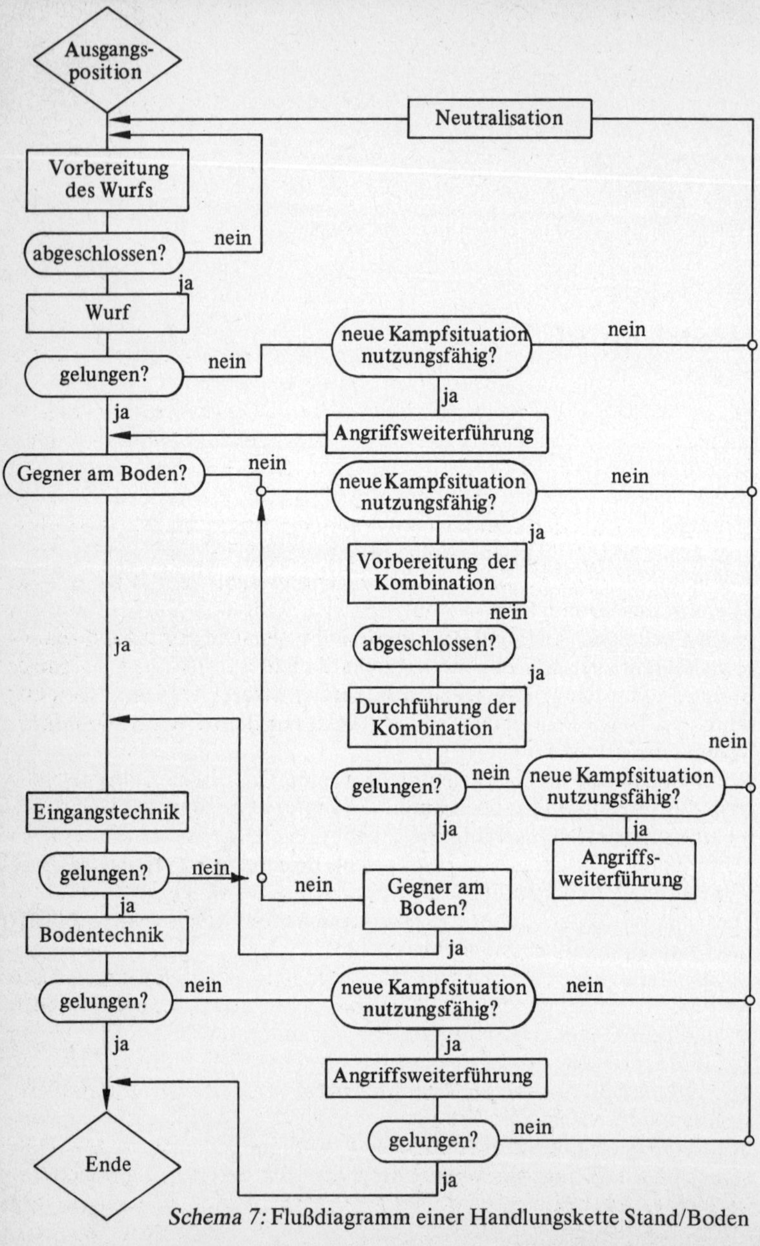

Schema 7: Flußdiagramm einer Handlungskette Stand/Boden

Stand – Reagieren auf Verteidigungsaktionen – Übergangsmöglichkeiten vom Stand zum Boden – Angriff am Boden – Befreiung des Gegners – Folgetechnik.
Für eine Spezialtechnik oder die Spezialtechniken sollten alle Möglichkeiten bedacht werden. Besonders für die kritischen Phasen *Tsukuri* im Stand und die Annäherung am Boden ist es notwendig, auf möglichst viele Gegenmaßnahmen ein wirksames Rezept zu haben (siehe *Schema 7*).

Zur Taktik

Unter Taktik wird ein Lösungsverfahren zur bestmöglichen Bewältigung der konkreten Kampfsituation verstanden.
Die Strategie stellt einen umfassenden Kampfplan zur Erreichung des Kampfziels dar. Die Taktik bezieht sich auf die Bewältigung der konkreten Kampfsituationen selbst. Es geht dabei um das Erfassen des ‹richtigen Moments› und dessen sinnvolles Ausnutzen. Die Elemente der Technik müssen so geschickt angewendet oder kombiniert werden, daß sie mit hoher Wahrscheinlichkeit zum Erfolg führen.
Günstige Ausgangssituationen für die Anwendung einer Technik können auf verschiedene Weise erzwungen werden:
- Offensivmanöver: Der Gegner soll sich nicht auf eigene Kampfhandlungen konzentrieren können. Durch ständige Angriffe oder ständiges Verhindern seiner angestrebten Faßart wird er in die Verteidigung gedrängt. Seine Bewegungsfreiheit wird somit in der beabsichtigten Weise eingeschränkt.
- Positionsmanöver: Der Gegner wird in eine bestimmte Ausgangsposition für die beabsichtigte Technik gebracht. Dies kann entweder eine bestimmte Stelle der Matte (zum Beispiel der Mattenrand oder eine Ecke der Matte) sein oder eine bestimmte Bewegungsrichtung, Schrittfolge oder Körperhaltung. Verwirklicht wird dieses Manöver unter Einsatz der Muskelkraft oder durch Bewegungsübernahme und Weiterführung der gegnerischen Bewegung.
- Bewegungsfinte: Der Gegner wird zum Beispiel durch Zug in eine Richtung zu einem Gegenzug veranlaßt, der dann die beabsichtigte Technik ermöglicht.
- Griffinte: Hierunter fallen die sogenannten Kombinationen. Sie sind in Stand und Boden möglich. Der Angreifer setzt mit einer Technik an und nutzt Ukes Reaktion zu einer neuen Technik aus.
- Doppelfinte: Der erste Angriff wird so ungeschickt geführt, daß der Gegner diese Handlung als Finte erkennt und nicht darauf reagiert bzw. die damit verbundene nachfolgende Technik vereitelt. Beim zweiten-

mal wird die vorherige ‹schlechte› Finte als direkter Angriff durchgeführt. Uke, der wieder an eine Finte glaubt, reagiert wiederum bzw. jetzt erst recht nachlässig und schafft somit eine günstige Voraussetzung für den beabsichtigten Wurf.

- Herausforderungsfinte: Tori öffnet seine Deckung und verleitet Uke zu einem Angriff. Dabei kommt er entweder seinem Gegner zuvor, oder er kontert.

Finten sind Mittel, den Gegner über die wahren Absichten hinwegzutäuschen und ihn zu Gegenhandlungen zu veranlassen. Sie sollen primär eine optimale Ausgangsposition für einen Wurf schaffen. *Manöver* dienen dem zweckmäßigen Führen und Lenken des Gegners.
Das *Tempoverhalten* ist ebenfalls als taktisches Mittel zu nutzen.

- Der Gegner kann durch ständiges Bedrängen konditionell zermürbt werden.
- Der Gegner kann bei hohem Kampftempo seine Angriffe nicht einsetzen, da er diese Art der Kampfführung nicht gewohnt ist.
- Es soll verhindert werden, daß der Gegner einen labilen Gleichgewichtszustand stabilisieren kann bzw. möglichst wenig Zeit für Überlegungen zu wirksamen Gegenmaßnahmen gewinnt.

Taktische Aspekte der Technikschulung

Neben dem Beherrschen von Handlungsketten für einen bestimmten Spezialwurf müssen bei der Technikschulung weitere Punkte beachtet werden. So ist es wenig sinnvoll, mehrere Techniken in eine Wurfrichtung gut auszuführen. Beispiel: Die Eindrehtechniken werden alle in die gleiche Richtung geworfen.
Für jede Wurfrichtung (vorwärts, rückwärts, seitwärts etc.; siehe auch *Kuzushi*, Seite 50) sollte nach Möglichkeit eine Technik beherrscht werden. Ist dabei die Eingangsbewegung gleich und kann der Wurf je nach dem Verhalten des Gegners in eine unterschiedliche Richtung angesetzt werden, spricht man von einer ‹Wurffamilie›.
Für die drei Würfe *O-Soto-Gari*, *O-Uchi-Gari* und *Sasae-Tsuri-Komi-Ashi* links (siehe Fotos Seite 191), sei hier diese Möglichkeit angedeutet.
Diese Wurffamilie wäre noch durch eine passende Technik mit Wurfrichtung nach rechts–vorn zu ergänzen (zum Beispiel *Uchi-Mata*).

O-Soto-Gari mit Wurfrichtung nach rechts–hinten

O-Uchi-Gari mit Wurfrichtung nach links–hinten

Sasae-Tsuri-Komi-Ashi nach links–vorn

Wettkampfbeobachtung

Unterschiedliche sportliche Erfolge eines Aktiven lassen Rückschlüsse auf seine Trainingsleistungen zu. Bei einer Neugestaltung des Trainings müssen Feststellungen herangezogen werden, worin sich der eine Aktive von dem anderen unterschieden hat. Daraus ergibt sich die Notwendigkeit einer exakten, statistisch meßbaren Beobachtung.
Praktiziert werden drei Beobachtungsmethoden, wobei angemerkt werden soll, daß die Wettkampfbeobachtung nur ein Mittel zur Leistungssteigerung sein kann:
1. die Beschreibungsmethode,
2. die Methode des objektiven Beobachtungsbogens,
3. die Film- oder Videorecordermethode.
Bei der reinen Beschreibungsmethode bekommen die Beobachter Anweisung, ihre Aufmerksamkeit auf bestimmte Elemente zu konzentrieren. Sie haben während des Wettkampfs ihre Anmerkungen zu notieren und aus dem Material ihre Schlüsse zu ziehen. Diese Methode ist ungenau, denn es besteht die Gefahr allzu großer Subjektivität.
Mit Hilfe eines Beobachtungsbogens ist die reine Beschreibungsmethode objektiviert worden. Der Bogen muß genau ausgearbeitet werden und alle Elemente enthalten, die für den Erfolg entscheidend sind.
Bei der Beobachtung mittels Film oder Videorecorder ist die objektivste Form einer Analyse gegeben, da eine komplette Aufzeichnung des Wettkampfverlaufs vorliegt und eindeutige Resultate zuläßt.
Praktiziert wird neuerdings die Methode einer kombinierten Beobachtung mit Videorecorder und Beobachtungsbogen. Die Auswertung des Videorecorders bringt die Technik der Bewegungen und Handlungen, der Beobachtungsbogen registriert deren Wirksamkeit.
Diese Wettkampfbeobachtung verfolgt zwei Ziele:
1. den Gewinn einer Schnellinformation, die unter Umständen dazu dienen kann, bereits während des Wettkampfs Fehler abzustellen und Schwächen des Gegners aufzudecken.
2. die Verbesserung der Schulungsmethoden in Hinsicht auf Technik und Taktik für zukünftige Aufgaben.
Der Deutsche Judo-Bund hat 1970 mit Wettkampfbeobachtungen begonnen. Analysiert wurden bei den Europameisterschaften in Berlin (DDR) die wirksamen Ansätze von Techniken und der Grad ihrer Wirksamkeit (damals unterschieden nach Vorteil–*Waza-Ari–Ippon*). Jeder Kampf wurde von zwei Mitgliedern der Gruppe beobachtet, die die Ansätze von Techniken in eine Liste eintrugen, die nach Minuten unterteilt war. Daraus ließ sich wieder die Häufigkeit bestimmter Techniken im Stand- und Bodenkampf erkennen, aber auch Rückschlüsse auf die Kondition eines Kämpfers herleiten.

Zur Psychologie des Judosports

Judo formt zu einer selbstsicheren, überlegenen Persönlichkeit. Der Begründer des Judo, der Japaner Jigoro Kano, hat diese Disziplin niemals allein als eine körperliche Betätigung, sondern immer auch als ein Erziehungsmittel zur Persönlichkeitsbildung verstanden.
Judo formt weiterhin Charaktereigenschaften, die nicht nur im Sport, sondern auch im Alltagsleben wichtig sind. Der Judoka lernt auf der Matte Disziplin, Leistungsbereitschaft, Gemeinschaftsgeist, Ehrlichkeit und Optimismus; Aufbau und Gestaltung des Trainings formen zudem seine Kritikfähigkeit.
Als Kampfsportart ist Judo stark partnerbezogen. Miteinander lernen, gegenseitig helfen im Training und im Wettkampf machen diesen Sport zu einem besonderen Gemeinschaftserlebnis. Der Judoka sieht sich einbezogen in eine Gruppe, die sich verantwortlich fühlt für seine technischen Fortschritte, ihn auf Fehler aufmerksam macht, ihn korrigiert, wenn es notwendig scheint, und ihn lobt, wenn Gelegenheit dafür gegeben ist.
Der Judoka lernt, sich in dieser Gruppe zu bewegen, sich ein- und unterzuordnen. Dafür steht die Autorität des Lehrers. Diese besondere Lehrer-Schüler-Beziehung ist ein Relikt aus der japanischen Vergangenheit dieses Sports, der seine Etikette aus dem Mutterland übernommen hat. So grüßen sich Lehrer und Schüler zu Beginn und am Ende einer jeden Unterrichtsstunde in der traditionellen japanischen Form mit einem Verbeugen. Dieser Gruß wiederholt sich am Anfang und Ende eines jeden Kampfs oder Trainingsabschnitts mit einem neuen Partner.
Sinn dieser traditionellen Übung ist, dem Partner seine Wertschätzung anzudeuten und zugleich die Einhaltung der sportlichen Regeln zu geloben. Die Beziehungspunkte im Judo heißen also Partner und Lehrer. Die Rolle des Partners ist bereits dargelegt worden; sie drückt die gleichberechtigte Beziehung von gegenseitigem Helfen und Verstehen aus. Der Lehrer im Judo ist ebenfalls Partner; doch besteht hier ein anderes Rollenverständnis, das sich aus der fernöstlichen Auffassung von Erziehung und Sport deuten läßt.
Die Distanz zwischen Lehrer und Schüler im Judo ist größer als in den meisten anderen sportlichen Disziplinen. Der Lehrer (*Sensei*) wirkt besonders durch sein Vorbild, der Schüler wird sich seinen Anweisungen fügen. Dieses Abhängigkeitsverhältnis, dieser manchmal blinde Gehorsam, mag Demokratisierungstendenzen im heutigen Sport zuwiderlaufen; im Judo haben sich diese Beziehungen, in denen Einflüsse des japanischen Rittertums und des Zen-Buddhismus nachwirken, bewährt.

Motivation

Der japanische Judolehrer Mahito Ohgo hat einige Punkte herausgefunden, warum Judo als Sport so attraktiv ist.

1. Es spricht den Kampf- und Spieltrieb des Menschen besonders an.
2. Die Vielzahl der variablen Techniken und das Bewegungstempo bei den Übungen im Training übersättigen nicht so schnell; der Trainierende fühlt niemals Langeweile.
3. Jede Stunde in der Stufe des Erlernens ist mit einem neuen interessanten Programm gefüllt, was wiederum auf die große Zahl der Techniken zurückzuführen ist.
4. Die Freude, sich mit den gestellten Aufgaben zu beschäftigen und diese am Ende erfolgreich zu lösen, ist besonders groß. Wirkung und Erfolg können objektiv sichtbar gemacht werden; Gürtelprüfungen sind ein zusätzlicher Ansporn.
5. Menschliche Beziehungen in der Gruppe werden geschaffen, da die Trainingsmethode auf den Partner ausgerichtet ist.
6. Methoden und System im Judo sind allgemein vervollkommnet und beinahe überall gleich – unabhängig von Trainer, Klub oder Land.
7. Judo bietet eine Fülle von Darstellungsmöglichkeiten über den Wettkampf hinaus wie *Randori* und *Kata*.

Dieses sind einige Gründe, die einen Sportler motivieren, Judo zu betreiben und dabei zu bleiben. Unberücksichtigt geblieben ist, daß die stärkste Antriebskraft in jedem Sport die Hoffnung auf Erfolg ist. Auch der Judoka geht in den Wettkampf, weil er auf den Erfolg hofft; denn dieser Erfolg vermag ihm die Anerkennung in der Öffentlichkeit zu sichern.

Darüber hinaus lassen sich weitere Beweggründe finden. Zunächst ist zu unterscheiden, ob der Sportler diese Disziplin als Leistungs- oder als sogenannten Breitensport betreiben will.

Der Begriff *Breitensport* ist zunächst zurechtzurücken; denn auch diese Art der sportlichen Betätigung schließt Leistung nicht aus. Auch der ‹Trimm-Sportler› wird sich abmühen müssen und wird Schweiß vergießen, um Spaß und Abwechslung in dieser Disziplin zu finden.

Der entscheidende Unterschied zwischen Leistungs- und Breitensport liegt daher weniger in der Leistung als in der Tatsache, daß für den Breitensportler das Moment der Freiwilligkeit eine entscheidende Rolle spielt: Er kann für sich entscheiden, ob er jetzt trainieren oder kämpfen will; denn die Qualität der Leistung steht bei ihm nicht im Vordergrund.

Hinter dieser Art des Sporttreibens steht die Loslösung von Zwängen. Freiwilligkeit läßt den Judoka das Phänomen Sport unmittelbar erleben; es vermittelt ihm Freude an der körperlichen Betätigung und

stärkt sein seelisches Gleichgewicht. Bei Judo als Breitensport erfährt der Judoka am eigenen Körper Gesundheit und Fitness.
Judo eignet sich als Breitensport, weil hier das Gemeinschaftserlebnis im Mittelpunkt steht. Breitensport soll zwar frei von Zwängen sein, nicht aber frei von Zielen. Als Ziel kann sich der Judosportler die Gürtelprüfungen setzen, die das Erlernen von neuen Techniken und Bewegungsformen zum Inhalt haben. Doch kann er den Zeitraum, den er zum Erlernen neuer Techniken benötigt, selbst wählen. Kein Lehrer wird hinter ihm stehen und ihn ständig auf die Gürtelprüfungen drillen.
Der *Leistungssportler* wählt Judo sicherlich nicht aus gesundheitlichen Gründen, die beim ‹Trimm-Sportler› im Vordergrund stehen. Er empfindet zwar auch Freude an der körperlichen Betätigung auf der Matte; aber sein eigentliches Ziel ist gerichtet auf den Erfolg und auf die Anerkennung in der Öffentlichkeit. Der Weg dahin führt über ein hartes Training zum Wettkampf.
Dieses Training verlangt den Einsatz der ganzen Persönlichkeit; der Judoka wird bewußt angehalten, immer höhere Leistungsziele anzustreben. Diese werden in Gesprächen zwischen Trainern und Athleten festgelegt, und im Training wird darauf hingearbeitet. Die Leistungsperspektive soll zwischen den Beteiligten ganz genau definiert werden. Um hohe Leistungen zu erbringen, muß der Judoka dieses Ziel akzeptieren und seinen Lebensstil diesem Ziel unterordnen.
Das bedeutet Verzicht auf vieles, was sich als ‹Lebensqualität› dem Normalbürger anbietet. Der Trainer wird anstreben, seinen Kämpfer entsprechend zu motivieren, damit dieser Verzicht nicht allzu schwerfällt. Er wird versuchen, beim Athleten das Interesse am ständigen Training wachzuhalten, weil er weiß, daß ein Üben in einer freudigen Atmosphäre besser abläuft als in einer gedrückten.
Ein Mittel zu diesem Zweck ist das Setzen realer Nah- und Fernziele, aber auch Motivationshilfen wie die besondere Art der Fehlerkorrektur, in der zuerst die positiven Gesichtspunkte angesprochen werden und dann die Fehler. Ferner bieten sich ständig neue und abwechslungsreiche Übungsformen sowie simulierte Wettkämpfe an.
Trainer haben herausgefunden, daß das Training bisweilen unterbrochen werden sollte, um Gelegenheit zum Gespräch und zum Diskutieren zu schaffen. Danach wird der Athlet das Training mit verstärktem Einsatz weiterführen.

Psychologische Wettkampfvorbereitung
Im Gegensatz zum Breitensportler ist das Hauptmotiv für den Leistungsathleten das erfolgreiche Bestehen im Wettkampf. Dieser Erfolg ist um so sicherer, je konzentrierter er sich auf den Wettkampf vorbereitet hat und je leistungsbereiter er sich an diesem Tag zeigt.

Körperliche und geistige Komponenten sind die Grundlagen des Erfolgs in einem sportlichen Vergleich. Die eine Seite wird im Training gesteuert, auf die andere hat der Trainer vor dem Wettkampf zu achten. Hier wird sich der Betreuer psychologischer Methoden bedienen, die ebenfalls trainierbar sind und die unter dem Begriff ‹psychoregulatives Training› zusammengefaßt sind.
Nach dem Heidelberger Sportpsychologen Hans Eberspächer ist darunter der Anwendungsbereich psychologischer Methoden zu sehen, die geeignet sind, autonom ablaufende psychologische Regelprozesse willkürlich und gezielt zu steuern.
Zweck dieses psychoregulativen Trainings ist es, die Wahrnehmung von Erlebnissen, die bestimmte Umweltaspekte widerspiegeln, bewußt zum Gegenstand gezielter Übungen zu machen, um leistungshemmende Zustände wie Angst oder Nervosität abzubauen. Die Angst vor einem Gegner kann beispielsweise genommen werden, wenn sich der Athlet seiner eigenen Stärken versichert und objektiv die Schwächen des anderen wahrnimmt.
Das psychoregulative Training verfolgt zwei Ziele:
Zunächst Entspannung oder Relaxation des Athleten und Mobilisation zum Wettkampf. Ein wichtiger Wettkampf ruft beim Athleten bestimmte Erlebnisse hervor, die unter dem Sammelbegriff *‹Vorstartzustand›* gekennzeichnet werden. Er ist ängstlich, zweifelt an seinem eigenen Können, ist appetitlos und leidet unter Schlaflosigkeit. Dieser Zustand beginnt rund 24 Stunden vor dem Wettkampf.
Der Trainer wird diesen Zustand mit Hilfe der Psychoregulation im Sinne einer Leistungsverbesserung zu beeinflussen suchen. Ziel ist es nicht, diesen Vorstartzustand abzubauen; denn er ist sinnvoll und sogar Voraussetzung für eine gute Leistung. Nur Überreaktionen sind schädlich.
Psychoregulative Maßnahmen werden angewendet, damit der Athlet lernt,
1. den Wettkampf möglichst objektiv einzuschätzen,
2. die für ihn günstigsten Bewältigungsstrategien anzuwenden und
3. den erlebten Stresszustand so zu regeln, daß der optimale Trainings- und Wettkampferfolg möglich wird.
Von Psychologen sind dafür verschiedene Methoden entwickelt worden. Da ist zunächst das *autogene Training*, das den Nachteil hat, daß die Athleten zu entspannt und gelöst an den Start gehen, ohne die notwendige Leistungsbereitschaft aufzubringen. Sie sind für den Wettkampf nicht mobilisiert. Diese Nachteile hat man durch eine besondere Aktivierung vor dem Start zu beheben versucht.
Die neueste Entwicklung auf diesem Gebiet geht von der Feststellung aus, daß der Vorstartzustand eine notwendige und auch unvermeidliche

Voraussetzung für die Leistung ist; er darf daher auch nicht verhindert werden. Ziel der psychoregulativen Wettkampfvorbereitung ist es jetzt, für eine ‹Sensibilisierung› des Athleten zu sorgen. Je nach den Erfordernissen kommen dafür Methoden der Relaxation oder der Mobilisation in Frage.

Ziel der *Relaxation* ist die Sicherung der Erholung des Wettkämpfers während oder nach einer Belastung. In der *Mobilisation* wird der Aufbau einer bedingungslosen Einsatzbereitschaft sowie Wecken von Selbstvertrauen in die eigene Leistungsbereitschaft angestrebt.

Ein ängstlicher und gehemmter Athlet ist nicht in der Lage, die in einem Wettkampf geforderte Leistung voll zu bringen. Die Mobilisation zielt daher darauf ab, durch den Einsatz psychologischer Methoden einen im Rahmen der Wettkampfregeln ‹ungehemmten Athleten› auf die Judomatte zu stellen. Eine dieser Methoden ist das sogenannte *Selbstbehauptungstraining*, mit dem Ängste und Unsicherheiten abgebaut werden sollen. Der Athlet lernt hier die Darstellung seines eigenen Standpunkts im sozialen Umfeld. Praktische Formeln für dieses Selbstbehauptungstraining wären: «Ich entscheide, wie der Wettkampf läuft» oder: «Egal, was geschieht, ich bringe auf jeden Fall meine Leistung.»

Professor Hans Eberspächer hat im Rudern eine Methode der Psychoregulation entwickelt und mit Erfolg auf andere Sportarten übertragen. Diese Methode, die er «konzentrative Einübung» nennt, soll hier kurz dargestellt werden.

Ziel dieser konzentrativen Einübung ist die Überwindung der mit dem Wettkampf verbundenen Angst und der Abbau negativer Grundstimmungen. Voraussetzung dafür ist, daß der Athlet zunächst einen hohen Bewußtseinsgrad über sich und den Stellenwert des Sports besitzt und daß das aufgezeigte Verfahren auf der Basis systematischer mittel- und langfristiger Wettkampfvorbereitung aufgebaut wird.

Eberspächer unterscheidet bei dieser konzentrativen Einübung sechs Phasen:

1. Die Aufgaben und Ziele des Wettkampfs werden unter den Beteiligten abgesprochen, und zwar in der Art, daß alle (Trainer, Athlet, Betreuer) die Vereinbarungen auch voll akzeptieren können.

2. Die Taktik des Kampfs wird erörtert, auf Besonderheiten der Kampfführung des Gegners wird hingewiesen. – In den beiden ersten Phasen erfolgt ein erschöpfender Meinungsaustausch.

3. Diese Phase ist gekennzeichnet durch ein bewußtes Abschalten. Der Athlet ist ruhig und entspannt zu halten; denn durch eine allzu intensive Beschäftigung mit dem Wettkampf kann sich eine «psychologische Verspannung» und eine Trotzreaktion einstellen. Dem soll durch Spazierengehen, Ausruhen oder anderen Freizeitbeschäftigungen entgegengewirkt werden.

4. Übergang von der Fremdbeeinflussung durch den Trainer zur Autosuggestion. Die Verbindung mit der Umwelt wird weitgehend eingeschränkt. Zentraler Gedankeninhalt wird der bevorstehende Wettkampf. Der Athlet muß die in der zweiten Phase vom Trainer eingebrachten Anweisungen für sich übernehmen und dadurch negative Erwartungen wie Schmerz oder mögliche Enttäuschungen verdrängen.
5. Aufbau einer Konzentrationsphase; die Kommunikation mit anderen als dem Trainer hat zu unterbleiben. Dadurch wird die autosuggestiv aufgebaute Einstellung gestaut, der Athlet wird ‹heiß› auf den Wettkampf gemacht.
6. In der Aufwärmphase hat sich der Kämpfer nur noch auf seine eigenen Techniken und auf die Taktik der Kampfführung zu konzentrieren. Jegliche Kommunikation mit der Umwelt soll unterbleiben. Der Athlet ist voll konzentriert auf den Kampf.

Das Prinzip dieser psychoregulativen Vorbereitung liegt in der Kanalisation und Sensibilisierung auf den Leistungsvollzug.

Die zeitliche Abfolge der Phasen kann sehr unterschiedlich sein, je nachdem, ob es sich um einen Wettkampf oder um ein Turnier handelt. Bei einem Wetkampf kann die konzentrative Einübung 24 Stunden vor dem Ereignis beginnen; bei einem Turnier muß der Wechsel der Mobilisations- und der Relaxationsphase manchmal in kurzer Zeit geleistet werden.

Sportartspezifische Verletzungen

Trotz zahlreicher Verletzungsmöglichkeiten ist aus den Statistiken zu entnehmen, daß Judo ungefährlicher ist als oft angenommen. Die Verletzungen, die sich beispielsweise bei Anfängern ergeben, entstehen häufig aus einer ungenügenden physischen Vorbereitung auf die judoeigene Belastung oder sind die Folge eines zu großen und unökonomischen Krafteinsatzes, von ungeschicktem Fallen, einer unsauberen Wurftechnik oder eines Kampfs auf einer ungeeigneten, weil zu weichen Kampffläche.

Verletzungsursachen bei einem fortgeschrittenen Judoka sind in den meisten Fällen zurückzuführen auf eine ungenügende Vorerwärmung bei der Vorbereitung auf den Kampf oder auf den Versuch, eine Niederlage unter allen Umständen zu vermeiden.

Eine Trainergruppe hat die Verletzungsursachen analysiert und wie folgt zusammengestellt:

Verletzungen ergeben sich

1. aus einer verkrampften, nicht der Bewegung entsprechenden Körperhaltung;

2. aus dem Ehrgeiz, den Gegner unbedingt werfen zu wollen, ohne daß dafür eine günstige Situation besteht;
3. bei zu harter Angriffs- oder Verteidigungsarbeit;
4. aus Rücksichtslosigkeit gegenüber dem Gegner.

Diese Verletzungen sind zu vermeiden, wenn bereits in der Ausbildung und Erziehungsarbeit auf diese Ursachen hingewiesen wird. Jeder Judoka hat sich persönlich für die Gesundheit seines Partners verantwortlich zu fühlen. ‹Nicht schaden› sollte zum obersten Grundsatz eines Wettkämpfers in Training und Kampf erhoben werden.

Um Verletzungen zu verhindern, sollte die Grundausbildung im Training verbessert und der Judoka zu einer strengen Hygiene angehalten werden; so führen Hautabschürfungen auf unsauberen Matten oft zu Entzündungen. Der Judokämpfer sollte auf eine den Regeln entsprechende Kampfkleidung achten; Bandagen an Armen und Beinen dürfen keine zusätzlichen Gefahrenquellen darstellen.

Der Judoclub sollte auf eine vorschriftsmäßige Ausstattung seines *Dojos* Wert legen: Die Fußböden müssen schwingen, da sonst trotz der aufgelegten Matte Prellungen und Verletzungen der inneren Organe nicht auszuschließen sind. Die Matte selbst muß von hinreichender Härte sein, um Verletzungen an den Sprung- und den Zehengelenken zu vermeiden. Eine zu rauhe Matte kann wiederum Hautabschürfungen hervorrufen.

Der Trainer sollte darauf achten, daß der Judoka technisch komplizierte Würfe nicht zu früh trainiert; zudem sollen die Partner im Training annähernd gleich stark sein.

Gewichtsregulierung

Zur Gesundheitsvorsorge im Judo zählt auch eine vernünftige Gewichtsregulierung. Ein falsches und zu schnelles ‹Abkochen›, um das angestrebte Kampfgewicht zu erreichen, führt zu einer verminderten Einsatzbereitschaft und zu einem Konditionsverlust, der sich besonders nachteilig bei längerer Turnierdauer bemerkbar macht.

Der Energiebedarf des Menschen wird durch Nahrungsaufnahme gedeckt, deren Wertigkeit für die Energiegewinnung sich aus der Kalorienzahl ergibt. Der Gehalt an Kalorien wird durch den Anteil an Kohlehydraten, Eiweiß und Fett bestimmt.

Ein Beispiel: 100 Gramm Kohlehydrate enthalten circa 410 Kalorien, die gleiche Menge Eiweiß ebenfalls rund 410 Kalorien; 100 Gramm Fett aber schlagen mit rund 930 Kalorien zu Buch. Daraus folgt, daß Fett bei einer Gewichtsregulierung tunlichst sparsam verwendet werden soll.

Kohlehydrate sind leicht verdaulich und daher auch schnelle Energielieferanten. Doch ihr nur kurzer Aufenthalt im Magen-Darm-Trakt führt schnell zu Hungergefühlen, so daß ein Bedürfnis nach neuer Nahrungsaufnahme geweckt wird. Auf der anderen Seite werden Kohlehydrate im Körper selbst zu Fett umgewandelt, so daß auf diese Weise wiederum eine Erhöhung des Körpergewichts zustande kommt.
Eiweiß enthält im Gegensatz zum Fett ebenfalls wenige Kalorien, die dazu den Vorteil haben, daß sie im Körper nur sehr langsam umgewandelt werden. Der Mensch fühlt sich durch die Aufnahme von Eiweiß länger satt als von Fett und Kohlehydraten. Im Körper selbst wird das Eiweiß bis zu seiner Verwertbarkeit nochmals umgewandelt, und dieser Vorgang zieht weitere Energien aus dieser Stoffgruppe ab.
Ist der Judoka nun auf eine Gewichtsreduzierung angewiesen, so ergibt sich, daß er vornehmlich Nahrung mit einem hohen Eiweißgehalt zu sich nehmen muß. Der Trainer wird sich bereits langfristig vor einem wichtigen Wettkampf um den Diätplan seines Kämpfers kümmern.
Ohne Kohlehydratzufuhr kann der Kämpfer allerdings nicht die zum Erfolg notwendige Leistung bringen; er soll den notwendigen Bedarf aber schon in den Tagen vor dem entscheidenden Kampf decken. Tut er das am Kampftag, dann führt die mit der Zuckerzufuhr verbundene Hormonausschüttung (Insulin) zu einer vorzeitigen Ermüdung, die wiederum das Leistungsvermögen des Athleten beeinträchtigt.
Ein Judoka, der mit Gewichtsschwierigkeiten zu kämpfen hat, sollte eine ständige Gewichtskontrolle ausüben und sein Wettkampfgewicht bereits zwei bis drei Wochen vor der Konkurrenz erreichen. Eine normale Kost wird ihm vor dem Wettkampf auch sein Leistungsvermögen erhalten.

Anhang

Wo lerne ich Judo?

Der Anfänger steht vor der Frage, Judo in einem Sportverein oder in einer kommerziell betriebenen Schule zu lernen. Die Unterschiede sind im Abschnitt «Wo kann man Judo lernen?», Seite 13, dargelegt worden. – Sollte der Interessent Rat suchen, dann stehen ihm der Fachverband und die Judo-Landesverbände gern zur Verfügung.

Deutscher Judo-Bund e. V.
Lessingstr. 12, Postfach 1749
6500 Mainz 1
Tel. 06131-672031-32

Deutsches Dan-Kollegium
Karl-Ludwig Lehmann,
Kiefernweg 34, 6500 Mainz 43

DJB-Sektion Aikido
Marijan Tole,
Lenbachstr. 17, 6090 Rüsselsheim

DJB-Sektion Ju-Jutsu
Eberhard Molle,
Dringsheide 34, 2000 Hamburg 74

DJB-Sektion Karate
Ottmar Luxem,
Hochstr. 28, 5473 Kruft

DJB-Sektion Kendo
Wolfgang Demski,
Heidenheimer Str. 24, 1000 Berlin 28

DJB-Sektion Kyudo
Feliks F. Hoff,
Eduardstraße 3, 2000 Hamburg 19

Badischer Judo-Verband e. V.
Robert Vetter,
Geschäftsstelle: Postfach 3426,
7500 Karlsruhe 1

Bayerischer Judo-Verband e. V.
Sigurd Seger,
Geschäftsstelle: Georg-Brauchle-Ring 93, 8000 München 50

Judo-Verband Berlin e. V.
Peter Stamm,
Geschäftsstelle: Stromstr. 11–17,
1000 Berlin 21
Tel. 030/3948485

Bremer Judo-Verband e. V.
Kurt Schuster,
Inselstr. 93, 2800 Bremen

Hamburger Judo-Verband e. V.
Hans Werner Friel,
Holtenklinkerstraße 95 b,
2050 Hamburg 80

Hessischer Judo-Verband e. V.
Leo Köhler,
Homburger Straße 108,
6368 Bad Vilbel/Massenheim

Niedersächsischer Judo-Verband e. V.
Heiner Sauer,
Geschäftsstelle: Niedernfeld 5 a,
3052 Bad Nenndorf

Nordrhein-Westfälischer Judo-Verband e. V.
Wilhelm Höfken,
Geschäftsstelle: Friedrich-Alfred-Straße 25, Sportpark Wedau,
4100 Duisburg 1

Judo-Verband Pfalz e. V.
Klaus Dietrich,
Kranichstr. 11 6/7,
6700 Ludwigshafen

Rheinhessischer Judo-Verband e. V.
Günter Kraft,
Josefstraße 71/73, 6500 Mainz

Judo-Verband Rheinland e. V.
Karl-Heinz Dott,
Kaiser-Heinrich-Straße 49, 5401 Urmitz

Saarländischer Judo-Verband e. V.
Jürgen Eisenhut,
Sonnenhang 3, 6646 Losheim-Scheiden

Judo-Verband Schleswig-Holstein e. V.
Max Depke,
Hinter den Kirschkaten 29,
2400 Lübeck 1

Württembergischer Judo-Verband e. V.
Fritz Schur,
Geschäftsstelle: Hermann-Heß-Str. 8,
7050 Waiblingen

Tabellen und Meisterschaften

Die wettkampftreibenden Judoka des Deutschen Judo-Bundes sind in Altersklassen unterteilt. Maßgebend ist dabei der Jahrgang.

Schüler und Schülerinnen:	bis 12 Jahre
Jugend B (männlich und weiblich):	12 bis 14 Jahre
Jugend A (männlich und weiblich):	14 bis 18 Jahre
Junioren (nur männlich):	17 bis 19 Jahre
Senioren = Männer:	ab 18 Jahre
Damen = Frauen:	ab 17 Jahre

Um den Übergang der Jugendlichen zu den Senioren zu erleichtern, hat der Deutsche Judo-Bund die Juniorenklasse geschaffen, in der Athleten starten dürfen, die noch nicht das 19. Lebensjahr vollendet haben. Der Europäische und der Internationale Judo-Verband richten Junioren-Europa- und Weltmeisterschaften aus. Junioren sind auch in der Seniorenklasse startberechtigt.
Der Deutsche Judo-Bund führt Meisterschaften im nationalen Rahmen für die männliche und weibliche Jugend, für Junioren, für Frauen und für Männer durch. Außerdem sind in den vergangenen Jahren internationale deutsche Titelkämpfe in

diesen Altersgruppen und Altersklassen ausgeschrieben worden. Die Europäische Judo-Union ist Ausrichter von Europameisterschaften für Junioren, Frauen und Männer. Für Männer gibt es auch eine Mannschaftseuropameisterschaft.
Der Internationale Judo-Verband (IJF) richtet in einem zweijährigen Rhythmus Weltmeisterschaften für Junioren, Frauen und Männer aus. Es gibt keine Mannschaftswettbewerbe.
Seit 1972 (München) zählt Judo zu den ständigen olympischen Disziplinen; zuvor wurde dieser Sport nur in Japan bei den Olympischen Spielen in Tokio ausgetragen. Sowohl bei Olympischen Spielen wie auch jetzt bei Welt- und Europameisterschaften kann jedes Land in jeder Klasse einen Kämpfer stellen.

Ehrentafel der Meister

Olympische Spiele
1964 Tokio
– 68 kg:
1. Takehide Nakatani (Japan)
2. Eric Haenni (Schweiz)
3. Oleg Stepanow und Aron Bogoljubow (beide Sowjetunion)
– 80 kg:
1. Isao Okano (Japan)
2. Wolfgang Hofmann (BR Deutschland)
3. Kim Ih Tae (Korea) und James Bregman (USA)
+ 80 kg:
1. Isao Inokuma (Japan)
2. Alfred Rogers (Kanada)
3. Anzor Kiknadze und Parnaoz Chikviladze (beide Sowjetunion)
offene Klasse:
1. Anton Geesink (Holland)
2. Akio Kaminaga (Japan)
3. Klaus Glahn (BR Deutschland) und Theodor Boronowski (Australien)

1972 München
– 63 kg:
1. Takao Kawaguchi (Japan)
2. Bakhaavaa Buida (Mongolei)
3. Yong Ik Kim (Volksrepublik Korea) und Jean-Jacques Mounier (Frankreich)
– 70 kg:
1. Toyokazu Nomura (Japan)
2. Antonin Zajkowski (Polen)
3. Anatoli Novikov (Sowjetunion) u. Dietmar Hoetger (DDR)
– 80 kg:
1. Shinobu Sekine (Japan)
2. Seung-Lip Oh (Republik Korea)
3. Brian Jacks (Großbritannien) und Jean-Paul Coche (Frankreich)
– 93 kg:
1. Chota Chotchosvili (Sowjetunion)
2. David Starbrook (Großbritannien)
3. Paul Barth (BR Deutschland) und Chiaki Ishii (Brasilien)
+ 93 kg:
1. Willem Ruska (Holland)
2. Klaus Glahn (BR Deutschland)
3. Motoki Nishimura (Japan) und Givi Onashvili (Sowjetunion)
offene Klasse:
1. Willem Ruska (Holland)
2. Vitali Kusnezov (Sowjetunion)
3. Angelo Parisi (Großbritannien) und Jean-Claude Brondani (Frankreich)

Von den Teilnehmern der Bundesrepublik belegte Wolfram Koppen (Hamburg) im Leichtgewicht den fünften, Engelbert Dörbandt (Berlin) im Weltergewicht den fünften, Gerd Egger (München) im Mittelgewicht den siebten, Klaus Glahn (Wolfsburg) in der offenen Klasse den fünften Rang.
Im Leichtgewicht wurde der Mongole Bakhaavaa Buida wegen Einnahme von Doping-Mitteln disqualifiziert und mußte seine Silbermedaille zurückgeben.

1976 Montreal
– 63 kg:
1. Hector Rodriguez (Kuba)
2. Eunkyung Chang (Korea)
3. Josef Tunczik (Ungarn) und Felice Mariani (Italien)
– 70 kg:
1. Vladimir Nevzorov (Sowjetunion)
2. Koji Kuramato (Japan)
3. Patrick Vial (Frankreich) und Marian Talaj (Polen)
– 80 kg:
1. Isamu Sonoda (Japan)
2. Valerij Dvoinikov (Sowjetunion)
3. Slavko Obadov (Jugoslawien) und Youngchul Park (Korea)
– 93 kg:
1. Kazuhiro Ninomiya (Japan)
2. Ramaz Harshiladze (Sowjetunion)
3. Jürg Röthlisberger (Schweiz) und David Starbrook (Großbritannien)
+ 93 kg:
1. Sergej Novikov (Sowjetunion)
2. Günter Neureuther (BR Deutschland)
3. Allen Coage (USA) und Sumio Endo (Japan)
offene Klasse:
1. Haruki Uemura (Japan)
2. Keith Remfry (Großbritannien)
3. Chota Chotchosvili (Sowjetunion) und Jeaki Cho (Korea)

1980 Moskau
– 60 kg:
1. Thierry Rey (Frankreich)
2. José Rodriguez (Kuba)
3. Aramby Emizh (Sowjetunion) und Tibor Kincses (Ungarn)
– 65 kg:
1. Nikolai Solodukhin (Sowjetunion)
2. Tsendying Damdin (Mongolische Volksrepublik)
3. Ilian Nedkov (Bulgarien) und Janusz Pawlowski (Polen)
– 71 kg:
1. Ezio Gamba (Italien)
2. Neil Adams (Großbritannien)
3. Ravdan Davaadalai (Mongolische Volksrepublik) und Karl-Heinz Lehmann (DDR)
– 78 kg:
1. Shota Khabareli (Sowjetunion)
2. Juan Ferrer (Kuba)
3. Bernard Tchoullouyan (Frankreich) und Harald Heinke (DDR)
– 86 kg:
1. Jürg Röthlisberger (Schweiz)
2. Isaac Azcuy (Kuba)
3. Alexandr Yatskevich (Sowjetunion) und Detlef Ultsch (DDR)
– 95 kg:
1. Robert van de Walle (Belgien)
2. Themuri Khubuluri (Sowjetunion)
3. Dietmar Lorenz (DDR) und Henk Numan (Holland)
+ 95 kg:
1. Angelo Parisi (Frankreich)
2. Dimitar Zaprianov (Bulgarien)
3. Vladimir Kocman (ČSSR) und Radomir Kovacevic (Jugoslawien)
offene Klasse:
1. Dietmar Lorenz (DDR)
2. Angelo Parisi (Frankreich)
3. Andras Ozsvar (Ungarn) und Arthur Mapp (DDR)

1984 Los Angeles
– 60 kg:
1. Shinji Hosokawa (Japan)
2. Jae-Yup Kim (Korea)
3. Edward Liddie (USA) und Neil Eckersley (Großbritannien)
– 65 kg:
1. Yoshiyuki Matsuoka (Japan)
2. Jung-Oh Hwang (Korea)
3. Josef Reiter (Österreich) und Marc Alexandre (Frankreich)
– 71 kg:
1. Byeong-Keun Ahn (Korea)
2. Ezio Gamba (Italien)
3. Luis Onmura (Brasilien) und Kerrith Brown (Großbritannien)
– 78 kg:
1. Frank Wieneke (BR Deutschland)
2. Neil Adams (Großbritannien)
3. Michel Nowak (Frankreich) und Mircea Fratica (Rumänien)

– 86 kg:
1. Peter Seisenbacher (Österreich)
2. Robert Berland (USA)
3. Seiki Nose (Japan) und
Walter Carmona (Brasilien)
– 95 kg:
1. Hyoung-Zoo Ha (Korea)
2. Douglas Vieira (Brasilien)
3. Bjarni Fridriksson (Island) und
Gunter Neureuther (BR Deutschland)

+ 95 kg:
1. Hitoshi Saito (Japan)
2. Angelo Parisi (Frankreich)
3. Yong-Chul Cho (Korea) und
Mark Berger (Kanada)
offene Klasse:
1. Yasuhiro Yamashita (Japan)
2. Mohamed Rashwan (Ägypten)
3. Mihai Cioc (Rumänien) und
Arthur Schnabel (BR Deutschland)

Weltmeisterschaften der Männer

1956 in Tokio
1. Natsui (Japan)
2. Yoshimatsu (Japan)
3. Geesink (Holland)

1958 in Tokio
1. Sone (Japan)
2. Kaminaga (Japan)
3. Yamashiki (Japan)

1961 in Paris
1. Geesink (Holland)
2. Sone (Japan)
3. Koga (Japan)

1965 in Rio de Janeiro
– 68 kg: Matsuda (Japan)
– 80 kg: Okano (Japan)
+ 80 kg: Geesink (Holland)
offene Klasse: Inokuma (Japan)

1967 in Salt Lake City
– 63 kg: Shigeoka (Japan)
– 71 kg: Minatoya (Japan)
– 80 kg: Maruki (Japan)
– 93 kg: Sato (Japan)
+ 93 kg: Ruska (Holland)
offene Klasse: Matsunaga (Japan)

1969 in Mexico City
– 63 kg: Sonoda (Japan)
– 71 kg: Minatoya (Japan)
– 80 kg: Sonoda (Japan)
– 93 kg: Sasahara (Japan)
+ 93 kg: Suma (Japan)
offene Klasse: Shinomaki (Japan)

1971 in Ludwigshafen
– 63 kg: Kawaguchi (Japan)
– 71 kg: Tsuzawa (Japan)
– 80 kg: Fujii (Japan)
– 93 kg: Sasahara (Japan)
+ 93 kg: Ruska (Holland)
offene Klasse: Shinomaki (Japan)

1973 in Lausanne
– 63 kg: Minami (Japan)
– 71 kg: Nomura (Japan)
– 80 kg: Fujii (Japan)
– 93 kg: Sato (Japan)
+ 93 kg: Takagi (Japan)
offene Klasse: Ninomiya (Japan)

1975 in Wien
– 63 kg: Minami (Japan)
– 70 kg: Nevzorov (Sowjetunion)
– 80 kg: Fujii (Japan)
– 93 kg: Rougé (Frankreich)
+ 93 kg: Endo (Japan)
offene Klasse: Uemura (Japan)

Die Weltmeisterschaften 1977, die für Barcelona vorgesehen waren, fielen aus, da der Ausrichter nicht die Teilnahme aller Verbände garantieren konnte.

1979 in Paris
– 60 kg: Rey (Frankreich)
– 65 kg: Solodukhin (Sowjetunion)
– 71 kg: Katsuki (Japan)
– 78 kg: Fujii (Japan)
– 86 kg: Ultsch (DDR)

− 95 kg: Khubuluri (Sowjetunion)
+ 95 kg: Yamashita (Japan)
offene Klasse: Endo (Japan)

1981 in Maastricht
− 60 kg: Moriwaki (Japan)
− 65 kg: Kashiwazaki (Japan)
− 71 kg: Park (Korea)
− 78 kg: Adams (Großbritannien)
− 86 kg: Tchoullouyan (Frankreich)
− 95 kg: Khubuluri (Sowjetunion)
+ 95 kg: Yamashita (Japan)
offene Klasse: Yamashita (Japan)

1983 in Moskau
− 60 kg: Tietseri (Sowjetunion)
− 65 kg: Soloduchin (Sowjetunion)
− 71 kg: Nakanishi (Japan)
− 78 kg: Hikage (Japan)
− 86 kg: Ultsch (DDR)
− 95 kg: Preschel (DDR)
+ 95 kg: Yamashita (Japan)
offene Klasse: Saito (Japan)

1985 in Seoul
− 60 kg: Shinji Hosokawa (Japan)
− 65 kg: Yuri Sokolov (Sowjetunion)
− 71 kg: Byung Keun Ahn (Korea)
− 78 kg: Nobutoshi Hikage (Japan)
− 86 kg: Peter Seisenbacher (Österreich)
− 95 kg: Hitoshi Sugai (Japan)
+ 95 kg: Cho Yong Chul (Korea)
offene Klasse: Yoshimi Masaki (Japan)

1987 in Essen
− 60 kg:
1. Jae-Yup Kim (Südkorea)
2. Shinja Hosokowa (Japan)
3. Patrick Roux (Frankreich)
und Kevin Asano (USA)
− 65 kg:
1. Yusuke Yamamoto (Japan)
2. Juri Sokolow (UdSSR)
3. Tamas Bujko (Ungarn) und
Janusz Pawlowski (Polen)
− 71 kg:
1. Mike Swain (USA)
2. Marc Alexandre (Frankreich)
3. Kerrith Brown (Großbritannien) und
Toshihiko Koga (Japan)
Platz fünf: Steffen Stranz (Wolfsburg)
− 78 kg:
1. Hiroiaka Okada (Japan)
2. Bashir Warajew (UdSSR)
3. Koai-Hwa Lee (Südkorea) und
Waldemar Legien (Polen)
− 86 kg:
1. Fabien Canu (Frankreich)
2. Jungchol Pak (Nordkorea)
3. Densign White (Großbritannien)
und Masao Murata (Japan)
− 95 kg:
1. Hitoshi Sugai (Japan)
2. Theo Meyer (Niederlande)
3. Aurelio Miguel (Brasilien)
und Hyoung Joo Ha (Südkorea)
Platz fünf: Marc Meiling (Sindelfingen)
+ 95 kg:
1. Grigori Weritschew (UdSSR)
2. Mohamed Ali Rashwan (Ägypten)
3. Jochen Plate (Witten) und Gunging
Xu (China)
Allkategorie:
1. Nanya Ogawa (Japan)
2. Elvis Gordon (Großbritannien)
3. Jorge Fis Castro (Kuba) und Henry
Stöhr (DDR)

Weltmeisterschaften der Frauen
1980 in New York
− 48 kg: Jane Bridge (Großbritannien)
− 52 kg: Edith Hrovat (Österreich)
− 56 kg: Gerda Winklbauer (Österreich)
− 61 kg: Anita Staps (Holland)
− 66 kg: Edith Simon (Österreich)
− 72 kg: Jocelyne Triadou (Frankreich)
+ 72 kg: Margherita de Cal (Italien)
offene Klasse: Ingrid Berghmans
(Belgien)

1982 in Paris
− 48 kg: Karen Briggs (Großbritannien)
− 52 kg: Loretta Doyle (Großbritannien)

– 56 kg: Beatrice Rodrigues (Frankreich)
– 61 kg: Martine Rottier (Frankreich)
– 66 kg: Brigitte Deydier (Frankreich)
– 72 kg: Barbara Claßen (BR Deutschland)
+ 72 kg: Natalina Lupino (Frankreich)
offene Klasse: Ingrid Berghmans (Belgien)

1986 in Maastricht
– 48 kg: Karen Briggs (Großbritannien)
– 52 kg: Dominique Brun (Frankreich)
– 56 kg: Ann Hughes (Großbritannien)
– 61 kg: Diane Bell (Großbritannien)
– 66 kg: Brigitte Deydier (Frankreich)
– 72 kg: Irene De Kok (Holland)
+ 72 kg: Fengliah Gao (China)
offene Klasse: Ingrid Berghmans (Belgien)

1987 in Essen
– 48 kg:
1. Zhungyun Li (China)
2. Fumiko Esaki (Japan)
3. Yu Ping Chou (Taipeh) und Jessica Gal (Niederlande)
– 52 kg:
1. Sharon Rendle (Großbritannien)
2. Kaori Jamaguchi (Japan)
3. Alessandra Giungi (Italien) und Dominique Brun (Frankreich)
– 56 kg:
1. Catherine Arnaud (Frankreich)
2. Suzanne Williams (Australien)
3. Regina Philips (Leverkusen) und Ann Hughes (Großbritannien)
– 61 kg:
1. Diane Bell (Großbritannien)
2. Lynn Roethke (USA)
3. Noriko Mochida (Japan) und Boguslawa Olechnowicz (Polen)
– 66 kg:
1. Alexandra Schreiber (Leverkusen)
2. Brigitte Deydier (Frankreich)
3. Hikari Sasaki (Japan) und Roswitha Hartl (Österreich)
– 72 kg:
1. Irene de Kok (Niederlande)
2. Ingrid Berghmans (Belgien)
3. Barbara Claßen (Grenzach-Wyhlen) und Yoko Tanabe (Japan)
+ 72 kg:
1. Fenglian Gao (China)
2. Regina Sigmund (Rüsselsheim)
3. Angelique Seriese (Niederlande) und Margaret Castro-Gomez (USA)
Allkategorie:
1. Fenglian Gao (China)
2. Ingrid Berghmans (Belgien)
3. Karin Kutz (Braunschweig) und Isabelle Paque (Frankreich)

Europameisterschaften der Männer

1977 in Ludwigshafen
– 60 kg: Evgeni Pogorelov (Sowjetunion)
– 65 kg: Ives Delvingt (Frankreich)
– 71 kg: Vladimir Nevzorov (Sowjetunion)
– 78 kg: Adam Adamczyk (Polen)
– 86 kg: Alexej Volossov (Sowjetunion)
– 95 kg: Dietmar Lorenz (DDR)
+ 95 kg: Jean-Luc Rougé (Frankreich)
offene Klasse: Angelo Parisi (Frankreich)
Mannschaft: Sowjetunion

1978 in Helsinki
– 60 kg: Felice Mariani (Italien)
– 65 kg: Torsten Reißmann (DDR)
– 71 kg: Günter Krüger (DDR)
– 78 kg: Harald Heinke (DDR)
– 86 kg: Alexander Yatskevitch (Sowjetunion)
– 95 kg: Dietmar Lorenz (DDR)
+ 95 kg: Peter Adelaar (Holland)
offene Klasse: Dietmar Lorenz (DDR)
Mannschaft: Frankreich

1979 in Brüssel
– 60 kg: Felice Mariani (Italien)
– 65 kg: Nicolai Solodukhin (Sowjetunion)
– 71 kg: Neil Adams (Großbritannien)
– 78 kg: Harald Heinke (DDR)

– 86 kg: Jürg Röthlisberger (Schweiz)
– 95 kg: Themuri Khubuluri (Sowjetunion)
+ 95 kg: Jean-Luc Rougé (Frankreich)
offene Klasse: Alexej Tiurin (Sowjetunion)

1980 in Wien
– 60 kg: Felice Mariani (Italien)
– 65 kg: Torsten Reißmann (DDR)
– 71 kg: Nicolae Vlad (Rumänien)
– 78 kg: Neil Adams (Großbritannien)
– 86 kg: Alexander Yatskevich (Sowjetunion)
– 95 kg: Jean-Luc Rougé (Frankreich)
+ 95 kg: Alexej Tiurin (Sowjetunion)
offene Klasse: Robert van de Walle (Belgien)

1981 in Debrecen
– 60 kg: Andrezej Dziemianiuk (Polen)
– 65 kg: Constantin Niculae (Rumänien)
– 71 kg: Karl-Heinz Lehmann (DDR)
– 78 kg: Gheorgi Petrov (Bulgarien)
– 86 kg: David Bodaveli (Sowjetunion)
– 95 kg: Roger Vachon (Frankreich)
+ 95 kg: Grigori Veritchev (Sowjetunion)
offene Klasse: Wojciech Reszko (Polen)

1982 in Rostock
– 60 kg: Khazret Tletseri (Sowjetunion)
– 65 kg: Torsten Reißmann (DDR)
– 71 kg: Ezio Gamba (Italien)
– 78 kg: Mircea Fratica (Rumänien)
– 86 kg: Alexander Yatskevich (Sowjetunion)
– 95 kg: Robert Köstenberger (Österreich)
+ 95 kg: Henry Stöhr (DDR)
offene Klasse: Alexej Tiurin (Sowjetunion)

1983 in Paris
– 60 kg: Khazret Tletseri (Sowjetunion)
– 65 kg: Thierry Rey (Frankreich)
– 71 kg: Richard Melillo (Frankreich)
– 78 kg: Neil Adams (Großbritannien)
– 86 kg: Vitali Pesniak (Sowjetunion)
– 95 kg: Valerie Diwisenko (Sowjetunion)
+ 95 kg: Khawil Biktaschew (Sowjetunion)
offene Klasse: Angelo Parisi (Frankreich)

1984 in Lüttich
– 60 kg: Khazret Tletseri (Sowjetunion)
– 65 kg: Marc Alexandre (Frankreich)
– 71 kg: T. Namgalauri (Sowjetunion)
– 78 kg: Neil Adams (Großbritannien)
– 86 kg: V. Pesnyak (Sowjetunion)
– 95 kg: Günter Neureuther (BR Deutschland)
+ 95 kg: Alexander von der Groeben (BR Deutschland)
offene Klasse: Angelo Parisi (Frankreich)

1985 in Hamar/Norwegen
– 60 kg: Khazret Tletseri (Sowjetunion)
– 65 kg: Serban (Rumänien)
– 71 kg: T. Namgalauri (Sowjetunion)
– 78 kg: Neil Adams (Großbritannien)
– 86 kg: V. Pesnyak (Sowjetunion)
– 95 kg: Robert van de Walle (Belgien)
+ 95 kg: Veritchev (Sowjetunion)
offene Klasse: Alexander von der Groeben (BR Deutschland)

1986 in Belgrad
– 60 kg: Josef Csak (Ungarn)
– 65 kg: Yuri Sokolov (Sowjetunion)
– 71 kg: Bartalan Haijtas (Ungarn)
– 78 kg: Frank Wienecke (BR Deutschland)
– 86 kg: Peter Seisenbacher (Österreich)
– 95 kg: Robert van de Walle (Belgien)
+ 95 kg: Wim Wilhelm (Holland)
offene Klasse: Henry Stöhr (BR Deutschland)

1987 in Paris
– 60 kg: Patrick Roux (Frankreich)
– 65 kg: Jean Pierre Hansen (Frankreich)
– 71 kg: Wieslaw Blach (Polen)
– 78 kg: Bachir Varaev (Sowjetunion)
– 86 kg: Fabian Canu (Frankreich)
– 95 kg: Koba Kurtanidze (Sowjetunion)
+ 95 kg: Mihai Cioc (Rumänien)
offene Klasse: Grégory Veritchev (Sowjetunion)

Europameisterschaften der Frauen

1975 in München
– 48 kg: Edith Hrovat (Österreich)
– 52 kg: Christine Herzog (Frankreich)
– 56 kg: Sigrid Happ (BR Deutschland)
– 61 kg: Martine Rottier (Frankreich)
– 66 kg: Paulette Fouillet (Frankreich)
– 72 kg: Catherine Pierre (Frankreich)
+ 72 kg: Christine Child (Großbritannien)
offene Klasse: Catherine Pierre (Frankreich)

1976 in Wien
– 48 kg: Jane Bridge (Großbritannien)
– 52 kg: Edith Hrovat (Österreich)
– 56 kg: Sigrid Happ (BR Deutschland)
– 61 kg: Martine Rottier (Frankreich)
– 66 kg: Paulette Fouillet (Frankreich)
– 72 kg: Catherine Pierre (Frankreich)
+ 72 kg: Christiane Kieburg (BR Deutschland)
offene Klasse: Laura di Toma (Italien)

1977 in Arlons
– 48 kg: Eva Hillesheim (BR Deutschland)
– 52 kg: Edith Hrovat (Österreich)
– 56 kg: Sigrid Happ (BR Deutschland)
– 61 kg: Inge Berg (BR Deutschland)
– 66 kg: Gabi Czerwinski (BR Deutschland)
– 72 kg: Catherine Pierre (Frankreich)
+ 72 kg: Christiane Kieburg (BR Deutschland)
offene Klasse: Jocelyne Triadou (Frankreich)

1978 in Köln
– 48 kg: Jane Bridge (Großbritannien)
– 52 kg: Edith Hrovat (Österreich)
– 56 kg: Gerda Winklbauer (Österreich)
– 61 kg: Inge Berg (BR Deutschland)
– 66 kg: Karin Krüger (BR Deutschland)
– 72 kg: Barbara Claßen (BR Deutschland)
+ 72 kg: Christiane Kieburg (BR Deutschland)
offene Klasse: Vreni Rothacher (Schweiz)

1979 in Kerkrade
– 48 kg: Marie Bouthemy (Frankreich)
– 52 kg: Edith Hrovat (Österreich)
– 56 kg: Gerda Winklbauer (Österreich)
– 61 kg: Brigitte Deydier (Frankreich)
– 66 kg: Marie-France Mil (Belgien)
– 72 kg: Jocelyne Triadou (Frankreich)
+ 72 kg: Christiane Kieburg (BR Deutschland)
offene Klasse: Barbara Claßen (BR Deutschland)

1980 in Udine
– 48 kg: Jane Bridge (Großbritannien)
– 52 kg: Patrizia Montaguti (Italien)
– 56 kg: Gerda Winklbauer (Österreich)
– 61 kg: Laura di Toma (Italien)
– 66 kg: Catherine Pierre (Frankreich)
– 72 kg: Jocelyne Triadou (Frankreich)
+ 72 kg: Margherita de Cal (Italien)
offene Klasse: Barbara Claßen (BR Deutschland)

1981 in Madrid
– 48 kg: Birgit Friedrich (BR Deutschland)
– 52 kg: Edith Hrovat (Österreich)
– 56 kg: Gerda Winklbauer (Österreich)
– 61 kg: Anne Hughes (Großbritannien)
– 66 kg: Marie-France Mil (Belgien)
– 72 kg: Jocelyne Triadou (Frankreich)
+ 72 kg: Margherita de Cal (Italien)
offene Klasse: Barbara Claßen (BR Deutschland)

1982 in Oslo
– 48 kg: Karen Briggs (Großbritannien)
– 52 kg: Edith Hrovat (Österreich)
– 56 kg: Beatrice Rodriguez (Frankreich)
– 61 kg: Herta Reiter (Österreich)
– 66 kg: Edith Simon (Österreich)
– 72 kg: Jocelyne Triadou (Frankreich)
+ 72 kg: Marjolein van Unen (Holland)
offene Klasse: Edith Simon (Österreich)

1983 in Genua
– 48 kg: Karen Briggs (Großbritannien)
– 52 kg: Loretta Doyle (Großbritannien)

– 56 kg: Gerda Winklbauer (Österreich)
– 61 kg: Ann Hughes (Großbritannien)
– 66 kg: Laura di Toma (Italien)
– 72 kg: Ingrid Berghmans (Belgien)
+ 72 kg: Maria Teresa Motta (Italien)
offene Klasse: Ingrid Berghmans (Belgien)

1984 in Pirmasens
– 48 kg: Karen Briggs (Großbritannien)
– 52 kg: Edith Hrovat (Österreich)
– 56 kg: Dianne Bell (Großbritannien)
– 61 kg: Martine Rottier (Frankreich)
– 66 kg: Brigitte Deydier (Frankreich)
– 72 kg: Barbara Claßen (Frankreich)
+ 72 kg: Marjolein van Unen (Holland)
offene Klasse: Natalia Lupino (Frankreich)

1985 in Landskrona/Schweden
– 48 kg: Marie Colignon (Frankreich)
– 52 kg: Pascalw Doger (Frankreich)
– 56 kg: Beatrice Rodriguez (Frankreich)
– 61 kg: Maria Olechnowicz (Polen)
– 66 kg: Brigitte Deydier (Frankreich)
– 72 kg: Ingrid Berghmans (Belgien)
+ 72 kg: Sandra Bradshaw (Großbritannien)
offene Klasse: Marjolein van Unen (Holland)

1986 in London
– 48 kg: Karen Briggs (Großbritannien)
– 52 kg: Dominique Brun (Frankreich)
– 56 kg: Beatrice Rodriguez (Frankreich)
– 61 kg: Dianne Bell (Großbritannien)
– 66 kg: Brigitte Deydier (Frankreich)
– 72 kg: Irene de Kok (Holland)
+ 72 kg: Beata Maksimow (Polen)
offene Klasse: Irene de Kok (Holland)

1987 in Paris
– 48 kg: Karen Briggs (Großbritannien)
– 52 kg: Dominique Brun (Frankreich)
– 56 kg: Cathy Arnaud (Frankreich)
– 61 kg: Boguslawa Olechniwicz (Polen)
– 66 kg: Chantal Han (Holland)
– 72 kg: Irene de Kok (Holland)
+ 72 kg: Isabelle Paque (Frankreich)
offene Klasse: Ingrid Berghmans (Belgien)

Deutsche Meisterschaften der Männer

1977 in Bochum
– 60 kg: Gerhard Steidele (TSV Großhadern)
– 65 kg: Peter Walter (VfL Wolfsburg)
– 71 kg: Engelbert Dörbandt (Arashi Berlin)
– 78 kg: Fred Marhenke (VfL Wolfsburg)
– 86 kg: Günter Romenath (JV Berlin)
– 95 kg: Günter Neureuther (TSV Großhadern)
+ 95 kg: Jean-Jacques Komosinski (VfL Wolfsburg)
Mannschaftsmeister: JC Rüsselsheim

1978 in Köln-Porz
– 60 kg: Helmut Grobelin (SU Witten-Annen)
– 65 kg: Walter Kartzig (SU Witten-Annen)
– 71 kg: Wolfgang Vulperhorst (VfL Wolfsburg)
– 78 kg: Peter Bitterberg (JC Rüsselsheim)
– 86 kg: Wolfgang Frank (JC Grügelborn)
– 95 kg: Arthur Schnabel (1. Mannheimer JC)
+ 95 kg: Jean-Jacques Komosinski (VfL Wolfsburg)
Mannschaftsmeister: VfL Wolfsburg

1979 in Hamburg
– 60 kg: Helmut Grobelin (SU Witten-Annen)
– 65 kg: Ulrich Griesdorn (PSV Bottrop)
– 71 kg: Wolfgang Vulperhorst (VfL Wolfsburg)
– 78 kg: Adalbert Missalla (JC Rüsselsheim)
– 86 kg: Raimund Hargesheimer (GW Frankfurt)
– 95 kg: Günter Neureuther (TSV Großhadern)

+ 95 kg: Jean-Jacques Komosinski (VfL Wolfsburg)
Mannschaftsmeister: VfL Wolfsburg

1980 in Berlin
– 60 kg: Peter Jupke (TV Ingolstadt)
– 65 kg: James Rohleder (VfL Wolfsburg)
– 71 kg: Peter Walter (VfL Wolfsburg)
– 78 kg: Adalbert Missalla (JC Rüsselsheim)
– 86 kg: Gerd Kerkau (SU Witten-Annen)
– 95 kg: Günter Neureuther (TSV Großhadern)
+ 95 kg: Arthur Schnabel (1. Mannheimer JC)
Mannschaftsmeister: TSV Großhadern

1981 in Frankenthal
– 60 kg: Harald Neuhaus (JC Düsseldorf)
– 65 kg: James Rohleder (VfL Wolfsburg)
– 71 kg: Peter Walter (VfL Wolfsburg)
– 78 kg: Walter Rieß (PSV Bayreuth)
– 86 kg: Klaus Burggraf (TV Brühl)
– 95 kg: Günter Neureuther (TSV Großhadern)
+ 95 kg: Alexander von der Gröben (VfL Wolfsburg)
Mannschaftsmeister: TSV Großhadern

1982 in Dillingen
– 60 kg: Peter Jupke (TV Ingolstadt)
– 65 kg: James Rohleder (VfL Wolfsburg)
– 71 kg: Steffen Stranz (Kai-Asahi Kassel)
– 78 kg: Volker Fegert (SV Haigerloch)
– 86 kg: Michael Bazynski (JJC Bochum)
– 95 kg: Günter Neureuther (TSV Großhadern)
+ 95 kg: Arthur Schnabel (1. Mannheimer JC)
Mannschaftsmeister: JC Rüsselsheim

1983 in Würzburg
– 60 kg: Peter Jupke (TSV Großhadern)
– 65 kg: James Rohleder (VfL Wolfsburg)
– 71 kg: Steffen Stranz (JC Rüsselsheim)
– 78 kg: Walter Rieß (PSV Bayreuth)
– 86 kg: Adalbert Missalla (JC Rüsselsheim)
– 95 kg: Günter Neureuther (TSV Großhadern)
+ 95 kg: Alexander von der Gröben (VfL Wolfsburg)
Mannschaftsmeister: TSV Großhadern

1984 in Hamburg
– 60 kg: Andreas Gliem (VfL Wolfsburg)
– 65 kg: Thomas Studt (Berlin)
– 71 kg: Steffen Stranz (JC Rüsselsheim)
– 78 kg: Walter Rieß (PSV Bayreuth)
– 86 kg: Marc Meiling (JC Sindelfingen)
– 95 kg: Günter Neureuther (TSV Großhadern)
+ 95 kg: Alexander von der Gröben (VfL Wolfsburg)

1985 in Frankenthal
– 60 kg: Fabian Utzig (PSV Braunschweig)
– 65 kg: Joachim Brenner (TSV Großhadern)
– 71 kg: Steffen Stranz (JC Rüsselsheim)
– 78 kg: Frank Wieneke (VfL Wolfsburg)
– 86 kg: Volker Fegert (VfL Wolfsburg)
– 95 kg: Eugen Gerber (JC Rüsselsheim)
+ 95 kg: Alexander von der Gröben (VfL Wolfsburg)

1986 in München
– 60 kg: Robert Schöndorfer (TSV Großhadern)
– 65 kg: Guido Schumacher (JC Remscheid)
– 71 kg: Steffen Stranz (VfL Wolfsburg)
– 78 kg: Frank Wieneke (VfL Wolfsburg)
– 86 kg: Michael Bazynski (SV Witten-Annen)
– 95 kg: Leo Held (BC Zeiskamm)
+ 95 kg: Jochen Plate (SV Witten-Annen)

1987 in Hannover
– 60 kg:
1. Harald Neuhaus (Nordrhein-Westfalen)
2. Peter Jupke (Bayern)
3. Helmut Dietz (Bayern) und Ralf Wylenzek (Hessen)
– 65 kg:
1. Philippe Tosseng (Baden)
2. Miroslav Ulfik (Bremen)
3. Uwe Wenzel (Hessen) und Joachim Brenner (Bayern)
– 71 kg:
1. Steffen Stranz (Niedersachsen)
2. Ulli Kreutz (Nordrhein-Westfalen)
3. Carsten Bickenbach (Bayern) und Hans Engelmeier (Niedersachsen)
– 78 kg:
1. Frank Wieneke (Niedersachsen)
2. Klaus Greiner (Bayern)
3. Hans-Jörg Opp (Pfalz) und Bernd Lienhart (Baden)
– 86 kg:
1. Roland Schell (Hessen)
2. Laroslaw Brawata (Hamburg)
3. Walter Rieß (Bayern) und Stefan Freudenberg (Niedersachsen)
– 95 kg:
1. Detlef Knorrek (Niedersachsen)
2. Marc Meiling (Württemberg)
3. Andreas Bruchhäuser (Hessen) und Dietmar Geyer (Niedersachsen)
+ 95 kg:
1. Arthur Schnabel (Baden)
2. Michael Hochwelker (Baden)
3. Jochen Plate (Nordrhein-Westfalen) und Roland Ruiken (Hessen)

Deutsche Meisterschaften der Frauen

1978 in Pirmasens
– 48 kg: Eva Hillesheim (TV Pirmasens)
– 52 kg: Adelheid Grimm (JC Bogen)
– 56 kg: Beatrix Pfaff (TV Malstatt)
– 61 kg: Inge Berg (JC Geisenheim)
– 66 kg: Ute Drögekamp (Budokan Dortmund)
– 72 kg: Astrid Rauerbeck (Olympia Köln)
+ 72 kg: Christiane Kieburg (Nippon Berlin)

1979 in München
– 48 kg: Ingrid Schmid (DJK Eichstätt)
– 52 kg: Iris Frede (PSV Braunschweig)
– 56 kg: Gabriele Czerwinski (JZ Offenburg)
– 61 kg: Susanne Rahner (JC Goslar)
– 66 kg: Karin Krüger (TH Eilbeck)
– 72 kg: Barbara Claßen (JC Grenzach-Wyhlen)
+ 72 kg: Christiane Kieburg (Nippon Berlin)

1980 in Saarlouis
– 48 kg: Birgit Friedrich (PSV Osnabrück)
– 52 kg: Iris Frede (PSV Braunschweig)
– 56 kg: Sieglinde Grimm (JC Bogen)
– 61 kg: Andrea Solbach (JC Langenfeld)
– 66 kg: Almut Linnemann (JC Dortmund)
– 72 kg: Christine Eichel (JC Germering)
+ 72 kg: Astrid Rauerbeck (Olympia Köln)

1981 in Waltrop
– 48 kg: Adelheid Grimm (JC Bogen)
– 52 kg: Silke Dehmer (JKZ Rastatt)
– 56 kg: Regina Philips (Godesberger JC)
– 61 kg: Gabi Ritschel (JC Rüsselsheim)
– 66 kg: Karin Krüger (TH Eilbeck)
– 72 kg: Barbara Claßen (JHC GrenzachWyhlen)
+ 72 kg: Christiane Kieburg (Nippon Berlin)
Deutscher Mannschaftsmeister: Kampfgemeinschaft Grenzach-Wyhlen / Offenburg

1982 in Nienhagen
– 48 kg: Ingrid Schiebel (DJK Eichstätt)
– 52 kg: Doris Schmidhuber (Dojo Fürstenfeldbruck)
– 56 kg: Regina Philips (Godesberger JC)
– 61 kg: Claire Rommerskirchen (TuS 04 Leverkusen)
– 66 kg: Karin Krüger (TH Eilbeck)

– 72 kg: Barbara Claßen (JC Grenzach-Wyhlen)
+ 72 kg: Regina Sigmund (JC Rüsselsheim)
Deutscher Mannschaftsmeister: Kampfgemeinschaft Leverkusen/Bonn/Bad Godesberg

1983 in Langenfeld
– 48 kg: Kerstin Emich (JC Rüsselsheim)
– 52 kg: Doris Schmidhuber (FT München-Blumenau)
– 56 kg: Regina Philips (JC Bad Godesberg)
– 61 kg: Petra Wahnsiedler (Bushido Frankfurt)
– 66 kg: Alexandra Schreiber (Garather JC)
– 72 kg: Karin Kutz (PSV Braunschweig)
+ 72 kg: Irmgard Bickmann (BSV Ostbevern)
Mannschaftsmeister: JC Rüsselsheim

1984 in Langenfeld
– 48 kg: Birgit Friedrich (Osnabrück)
– 52 kg: Adelheid Grimm (JC Bogen)
– 56 kg: Regina Philips (JC Bonn)
– 61 kg: Andrea Burucker (JC Braunschweig)
– 66 kg: Alexandra Schreiber (JC Leverkusen)
– 72 kg: Barbara Claßen (JC Grenzach/Wyhlen)
+ 72 kg: Martina Krämer (JC Karlsruhe)

1985 in Berlin
– 48 kg: Birgit Friedrich (JC Osnabrück)
– 52 kg: Barbara Börner (TSV Großhadern)
– 56 kg: Regina Philips (JC Bonn)
– 61 kg: Verena Diehl (JC Rüsselsheim)
– 66 kg: Petra Wahnsiedler (JC Frankfurt)
– 72 kg: Barbara Claßen (JC Grenzach)
+ 72 kg: Karin Kutz (JC Braunschweig)

1986 in München
– 48 kg: Kerstin Emich (JC Rüsselsheim)
– 52 kg: Anja Horch (JC Offenbach)
– 56 kg: Britta Bahr (SC Stade)
– 61 kg: Petra Schweizer (VfL Wolfsburg)
– 66 kg: Martina Bernhard (TSV Heubach)
– 72 kg: Ute Ulsperger (Bayer Leverkusen)
+ 72 kg: Regina Sigmund (JC Rüsselsheim)

1987 in Hannover
– 48 kg:
1. Birgit Friedrich (Niedersachsen)
2. Natascha Meisler (Nordrhein-Westfalen)
3. Kerstin Emich (Hessen) und
Nicole Riquier (Nordrhein-Westfalen)
– 52 kg:
1. Karen Ahnefeld (Niedersachsen)
2. Carola Cambensy (Bayern)
3. Gabi Brandner (Baden) und
Ute Backes (Hessen)
– 56 kg:
1. Regina Philips (Nordrhein-Westfalen)
2. Britta Bahr (Niedersachsen)
3. Verena v. Blittersdorf (Pfalz)
und Angela Andrée (Nordrhein-Westfalen)
– 61 kg:
1. Gaby Ritschel (Hessen)
2. Petra Schweizer (Niedersachsen)
3. Kerstin Huske (Pfalz) und
Frauke Eickhoff (Niedersachsen)
– 66 kg:
1. Alexandra Schreiber (Nordrhein-Westfalen)
2. Karin Krüger (Pfalz)
3. Uta Rohloff (Berlin) und
Yvonne Flach (Hessen)
– 72 kg:
1. Barbara Claßen (Baden)
2. Hella Hemmerling (Saarland)
3. Ulla Frekers (Nordrhein-Westfalen)
und Ute Ulsperger (Nordrhein-Westfalen)
+ 72 kg:
1. Claudia Weber (Nordrhein-Westfalen)
2. Karin Kutz (Niedersachsen)
3. Regina Sigmund (Hessen) und
Bettina Brauel (Hessen)

Literaturhinweise

Bücher in deutscher Sprache
Andrejew/Tschumakow: Sambo-Kampf. – Berlin: Weinmann 1975.
Birod, Manfred: Judokurs – Training, Technik, Taktik. – Reinbek 1979 (rororo sachbuch 7033).
Bonfranchi/Klocke: Wir machen Judo. – Wiesbaden: Falken-Verlag 1978.
Das Budo-ABC. – Dreieich-Sprendlingen: Budop-Verlag 1981.
Essink, Hein: Judo in Wort und Bild. – Steckenpferd Bücherei 1968.
Geels, Antoon: Judo – Bodentechnik von «Opa» Schutte. Malmö: Team Offset 1979.
Geesink, Anton: 40 Grund- und Kampfwürfe. – Sprendlingen: Budo-Verlag 1967.
ders.: Mijn Judo. – Sprendlingen: Budo-Verlag 1967.
ders.: Judo in Evolution. – Utrecht: Bruna & Zoon 1977.
Herrmann, Pierre: Judo-Praxis – Wiesbaden: Falken-Verlag 1977.
Hofmann, Wolfgang: Judo. – Wiesbaden: Falken-Verlag 1969.
Hofmann/Keßler/Klocke/Bonfranchi: Judo für die Jugend.
Band 1: Kennenlernen und Üben. Band 2: Trainieren und Kämpfen. – Bad Honnef/Rhein: Honnefer Buchverlag 1976 und 1977.
Kimura, Masahiko: Judo für Anfänger und Kämpfer. – München: BLV Verlagsgesellschaft 1974.
Kudo, Kazuzo: Judo Praxis. Band 1: Würfe. Band 2: Bodentechniken. – Sprendlingen: Budo-Verlag 1969.
Müller-Deck/Lehmann: Judo. – Berlin (DDR): Sportverlag 1976.
Ohgo, Mahito: Judo Grundlagen – Methodik. – Wiesbaden: Falken-Verlag 1972.
ders.: Judo Go Kyo – Kampftechniken. – Wiesbaden: Falken-Verlag 1972.
Okano, Isao: Vital Judo-Boden-Techniken. Wetzlar, HA-RU GmbH 1980.
Sato/Okano: Vital Judo. – Wetzlar: HA-RU GmbH 1979.
Weinmann, Wolfgang: 1 × 1 des Judo. –
ders.: Gokyo – Die Judo Wurftechnik. –
ders.: Kombinationen und Kontertechnik. –
ders.: Das Judo-Brevier. –
Berlin: Verlag Weinmann.
Wolf, Horst: Judokampfsport. – Berlin (DDR): Sportverlag.
ders.: Judo für Fortgeschrittene. – Berlin (DDR): Sportverlag 1972.

Bücher in englischer Sprache
Gleeson, Geof: All about Judo. – EP Publishing Ltd. – East Ardsley/Wakefield/West Yorkshire 1975.
Inokuma/Sato: Best Judo. – Tokio: Kodansha International Ltd. 1979.

Bücher in französischer Sprache
Awazu, Shozo: Méthode de Judo au sol. – Paris: Editions Chiron 1974.
Coche/Renault: Judo. – Paris: Editions Robert Laffont 1975.
Vial/Roche/Fradet: Le Judo – évolution de la competition. – Paris: Editions Vigot 1978.

Über die Verfasser

Claus Beissner (Foto links), Jahrgang 1935, ist seit 1968 Pressereferent des Deutschen Judo-Bundes. Hauptberuflich ist er Sportjournalist beim Norddeutschen Rundfunk, wo er als Reporter bei nahezu allen internationalen Judoturnieren und Großveranstaltungen als Fernsehregisseur für Judo bei den Olympischen Spielen 1972 in München und als Fernseh-Olympiareporter für Judo in Montreal 1976 hervortrat. Als 400- und 800-m-Läufer zählte er früher zur Spitzenklasse; heute betreibt er vor allem Judo als Ausgleichssport. – Claus Beissner lebt in Geesthacht bei Hamburg.

Manfred Birod (Foto rechts), Jahrgang 1949, studiert Sport an der Universität Mainz. Seit 1961 ist er aktiver Judoka. 1967 wurde er jeweils Deutscher Jugendmeister und Deutscher Jugend-Mannschaftsmeister. Weitere Stationen: 1969 Deutscher Juniorenmeister und Mitglied der Bundesligamannschaft des Judo-Clubs Rüsselsheim (bis heute), 1970/71 Mitglied der Nationalmannschaft des DJB, 1971 bis 1976 der Studentennationalmannschaft – dort 3. Platz im Mittelgewicht bei den Weltmeisterschaften der Universitäten (1974 in Brüssel), 1980 5. Dan-Judo.
Seine Trainerlaufbahn begann 1971 in Rüsselsheim und Frankfurt; 1972 Übungsleiter-F-Lizenz, 1973 Trainer-A-Lizenz des DJB; 1974 und 1975 je ein Monat Gasttrainer der Ägyptischen Judo-Federation, seit 1975 Landestrainer des Hessischen Judo-Verbandes, seit 1976 schließlich Bundeslehrwart im DJB, wo er für die Trainerausbildung zuständig ist. – Manfred Birod lebt in Rüsselsheim.

Glossar

Ashi Fuß, Bein
Ashi-Waza Fußwürfe
Ayumi-Ashi normales Gehen

Barai (Harai) Fegen (in Zusammensetzungen); bei Fußwürfen wird das noch nicht mit Ukes Körpergewicht belastete Bein während eines Schritts ‹weggefegt›
Basis-Uchi-Komi Form des → *Uchi-Komi*-Trainings, mit dem die Eindrehbewegung für alle Eindrehtechniken geschult werden
Beta-Ashi ‹klebender Fuß›; ein Judoka setzt bei seinen Schritten die ganze Fußsohle auf
Butsukari gegen etwas anrennen
Butsukari-Geiko → *Uchi-Komi*-Training gegen einen sperrenden Partner

Chui Bestrafung, die vom Kampfrichter bei einem Verstoß gegen die Kampfregeln ausgesprochen werden kann; entspricht einem → *Yuko*

Dan Stufe, Meistergrad (schwarzer Gürtel)
De vorwärts (kommen oder gehen)

Eri Kragen, Revers

Faßart Art und Weise, in der der Judogi des Partners angefaßt wird.
Normal rechts: rechte Hand am linken Kragen (Revers) in Höhe des Schlüsselbeins, linke Hand am rechten Ärmel von außen in Höhe des Ellbogens.
Normal links: linke Hand am rechten Revers, rechte Hand am linken Ärmel.
Hoch: rechte Hand greift in Höhe des Nackens in das Revers.

-Gaeshi (Kaeshi) Gegenangriff
Gake einhängen, haken; bei Fußwürfen wird Uke über sein belastetes Bein geworfen. Dabei wird er ‹umgedrückt›, er fällt von seiner Standfläche weg.
Garami gebeugt, gedreht
Gari Sicheln; Ukes Standbein wird so weggeschlagen, daß er auf die Stelle fällt, auf der sein Fuß stand.
Gatame (Katame) unbeweglich machen, festhalten
Gatame-Waza Schlüsselgrifftechnik: Haltegriffe, Armhebel und Würgegriffe
-Geiko Übung
Gokyo fünf Hauptpunkte
Gokyo-No-Kaisetsu aus Japan stammende, traditionelle Aufteilung von vierzig Grundwürfen in fünf Gruppen zu je acht Würfen. Nach diesem System wurden in Deutschland die Gürtelprüfungen ausgerichtet.
-Goshi (Koshi) Hüfte
-Guruma (Kuruma) Rad
Gyaku umgekehrt

Hadaka frei, nackt
Hajime beginnt! (Aufforderung des Kampfrichters zum Beginn des Wettkampfs und nach Unterbrechungen des Kampfs)
Hane Flügel, Feder
Hansoku-Make Kampfregeln: Disqualifikation wegen einer Regelverletzung
Hara Körpermitte
Harai (Barai) fegen, mähen
Hidari links
Hikiwake Kampfregeln: unentschieden
Hikkomi in die Bodenlage ziehen
Hiza Knie
Hon Wurzel, Basis, Grundform

Ippon Punkt, Kampfregeln: *Ippon* wird vom Kampfrichter verkündet, wenn eine Kampfaktion diese Bewertung verdient. Der Kampf ist dann entschieden und beendet.
Jigotai Verteidigungshaltung, bei der der

Judoka die Beine weiter als Schulterbreite auseinander gestellt hat, um so seinen Schwerpunkt zu senken

Jime würgen

Ju nachgeben; sanft

Judogi Judoanzug, Kampfbekleidung

Judoka Judokämpfer

Juji Kreuz, über Kreuz

Kaeshi Gegenwurf

Kakari-Geiko Übungskampf gegen mehrere frische Gegner nacheinander ohne Pause

Kake Wurfausführung; die letzte Phase eines Wurfs vom Moment des Aushebens bis zum Aufprall auf die Matte

Kami oberhalb, obenauf

Kannuki quer

Kansetsu Gelenk

Kansetsu-Waza Gelenkhebel

Kata Schulter; Übungsform, Übungsfolge bei einem sich verabredungsgemäß verhaltenden Partner

Kata-Ha ein Flügel, Körperseite und Arm

Katame (Gatame) unbeweglich machen

Katama-Waza Grifftechnik, Schlüsselgriffe, Armhebel, Haltegriffe, Würgegriffe

Keikoku Kampfregeln: Bestrafung bei einem Verstoß gegen die Kampfregeln; entspricht einem → *Waza-Ari*

Kesa (-Gesa) Schärpe

Ko klein; bei Fußwürfen: Tori wirft, indem er seine Fußsohle benutzt

Koka Kampfregeln: Bewertung für einen Wurf oder für einen Haltegriff, der zehn bis neunzehn Sekunden gehalten wird; die geringste Wertung, die bei einem Kampf vom Kampfrichter angesagt wird

Komi innen, gegen

körperliche Fähigkeiten: Kraft, Schnelligkeit, Ausdauer, Gewandtheit und Beweglichkeit sind Grundlagen der Technik

Koshi (-Goshi) Hüfte

Koshi-Waza Hüfttechniken

Kumi nehmen, ergreifen

Kumi-Kata die Art, den Judogi zu fassen

Kuzure Abart, Variante, Variation der Grundtechnik

Kuzushi Balancebrechen, Gleichgewichtbrechen, Wurfvorbereitung

Kyo Gruppe

Kyo Stufe, Schülergrad

Ma Gerade

Mae vorwärts

Maitta «Ich gebe auf»

Maki rollen, einrollen, drehen

Maki-Komi hineindrehen und mitfallen

Ma-Sutemi-Waza Selbstfalltechnik auf den Rücken, Würfe durch die gerade Rückenlage

Mata Schenkel, mit dem inneren Schenkel

Mate Kampfregel: Warten, Kampfunterbrechung durch den Kampfrichter

Migi rechts

Mokuso Konzentration im Judositz

Morote beide Hände

Nageru, Nage werfen, Wurf

Nage-Waza Wurftechniken

Ne Bodenlage, Boden

Ne-Waza Bodenarbeit, Bodenkampf; Üben in der Bodenlage

O groß; bei Fußwürfen: Ausführung des Wurfs mit der Beinrückseite

Obi Gürtel

Okuri beide, zwei

Osae herunter, halten

Osae-Komi Haltegriff; Kampfregeln: Ansage des Kampfrichters, von diesem Moment an wird der Haltegriff gewertet

Osae-Komi-Toketa Kampfregeln: Ansage des Kampfrichters; von diesem Moment an ist der Haltegriff gelöst, die Zeit wird abgestoppt, der Vorteil bewertet

Osae-Komi-Waza Haltegriffe

Otoshi das Fallenlassen

Prinzipien des Judo: «Prinzip der größtmöglichen Wirkung» – die Kraft sinnvoll einsetzen und nur so viel aufwenden, wie gerade benötigt wird.
«Prinzip vom gegenseitigen Helfen und Verstehen» – gemeinsam üben und durch gegenseitige Hinweise das Lernen erleichtern

Ran locker

Randori freies Üben, Übungskampf – es gibt keinen Sieger oder Verlierer.

Renshu Übung

Rei Verbeugung, Begrüßung

Ryo beide, zwei

Sabaki drehen, sich verteidigen, geschickt ausweichen

Sankaku Dreieck; bei der Bodenarbeit eine Methode, den Gegner unbeweglich zu machen. Ein Arm und der Kopf werden in einem Dreieck, das durch Einklemmen des Spanns eines Fußes in der Kniekehle des anderen Beins entsteht, eingeklemmt.

Sasaeru stützen, halten

Seoi Rücken, auf den Rücken nehmen

Serie mehrere Wiederholungen eines Bewegungsablaufs

Shiai Wettkampf

Shido Kampfregeln: Belehrung; eine Strafe, die einem → *Koka* entspricht

Shiho vier Seiten, vier Richtungen, vier Punkte

Shiho-Gatame Gruppe von Haltegriffen; Tori kontrolliert vier Punkte, sein Bauch zeigt zur Matte

Shimeru (Jimeru) würgen

Shisei Körperhaltung

Shintai Körperbewegungen

Shizentai natürliche Grundstellung; beide Füße stehen in Schulterbreite auseinander, nur die Fußballen sind belastet

Sit-Ups Bauchmuskelübung; Aufrichten aus der Rückenlage in eine sitzende Position

Sogo-Gachi der Kampfrichter beendet den Kampf und bezeichnet den Sieger mit der Verkündung des Urteils *Sogo-Gachi* (zusammengefaßter Sieg), wenn ein Kämpfer *Waza-Ari* erzielt hat und der Gegner darauf *Keikoku* erhält. Ein Kämpfer wird auch zum Sieger erklärt, wenn sein Gegner bereits *Keikoku* erhielt und er seinerseits noch *Wazi-Ari* erzielt.

Sono-Mama Kampfregeln: liegen bleiben, nicht bewegen

Sore-Made Kampfregeln: «das ist alles»; Ende des Kampfes

Soto außen, neben dem Körper

Sukui Schaufel; der Wurf *Sukui-Nage* ist eine andere Bezeichnung für → *Te-Guruma*

Sumi Ecke, Winkel, die Kniekehle des Gegners

Sumo japanischer Ringkampf

Sutemi sich in Gefahr begeben

Sutemi-Waza Selbstfalltechniken; Würfe, bei denen sich der Ausführende auf seinen Rücken oder seine Seite fallen läßt

Tachi-Waza Standtechnik, Würfe aus der Standposition

Tai Körper

Tai-Sabaki Körperdrehungen

Tandoku-Renshu Üben ohne Partner, Wurfimitationsübungen

Tani Tal

Tatami Judomatte, allgemein eine Reisstrohmatte

Tata aufrecht, gerade

Te Hand

Te-Waza Handwürfe

Tomoe Bogen, gebogener Winkel

Tokui-Waza die Lieblingstechnik eines Kämpfers, sein Spezialwurf

Tori (-Dori) Nehmer, Werfer, Greifer, der Ausführende

Tsugi-Ashi Nachstellschritte

Tsukuri Eingang, Wurfansatz, Hineingehen in einen Wurf

Tsuri auffangen

Tsuri-Ashi beim Gehen mit den Fußsohlen auf der Matte schleifen

Tsuri-Komi heranziehen, ‹angeln›; typische Bewegung des Heranziehens bei den Eindrehtechniken auf einem Bein.

Uchi innen, zwischen den Beinen

Uchi-Komi Wurfeindrehübung, spezielles Training der Wurfphasen *Kuzushi* und *Tsukuri*; mehrere hintereinanderfolgende Wurfeingänge der gleichen Technik, ohne zu werfen

Ude Arm

Uke der Geworfene, Besiegte

Ukemi Fallübungen

Uki schweben, flattern

Ushiro nach hinten

Waki Körperseite

Waza Techniken

Waza-Ari Kampfregeln: ein halber Punkt; zwei *Waza-Ari* ergeben einen vollen Punkt und beenden den Kampf vorzeitig. Zählt mehr als jede beliebige Anzahl von *Koka* und *Yuko*

Yakusoku-Geiko Üben nach Vereinbarung, Absprache

Yoko Seite, seitlich

Yoshi Kampfregeln: weiterkämpfen; wird nur nach → *Sono-Mama* gesagt.

Yuko Kampfregeln: Bewertung für einen Wurf oder einen Haltegriff, der zwanzig bis vierundzwanzig Sekunden gehalten wird. Zählt mehr als jede beliebige Anzahl von *Koka*. Wird geringer bewertet als ein *Waza-Ari*.

Sachregister

Abwehrhandlungen 64, 102
Allkategorie 17
Angriff, direkter 98
–, fortlaufender 98
Angriff–Reaktion–Angriff 98
Angriffshandlung 62
Ashi-Gake 90
Ashi-Gatame 134, 146, 153, 154
Ashi-Guruma 81, 105, 179
Ashi-Jime 138, 158
Ashi-Uchi-Mata 82
Ashi-Waza 86
Ausdauer 37, 181, 184

Barai 86
Beschreibungsmethode 192
Bestrafungen 16
Beweglichkeit 37
Bewegungsreize 27
Bewegungsreize, Dosierung der 27
Bodentechniken 14, 126ff
Breitensport 194
Butsukari-Geiko 185

Charaktereigenschaften 43
Chui 16

Dan-Grad 19
De-Ashi-Barai 93, 119
Dojo 11

Eingang, normaler 70
Einübung, konzentrative 197
Erholung, unvollständige 185
–, vollständige 184

Fähigkeiten, allgemeine körperliche 27
–, körperliche 26
–, spezielle körperliche 27
Faßart, hohe 48, 79
Feinkoordination 177
Filmmethode 192
Finte 98, 190
Flexibilität 37
Fußwürfe 86

Gake 86
Ganzheitsmethode 178f
Gari 86
Gegenangriffshandlungen 64
Gewandtheit 29f
Gewichtsklassen 17
Gewichtsregulierung 199
Gokyo 65
Gokyo-No-Kaisetsu 23
Graduierung 19
Grifftechniken 99
Grobform 13
Grobkoordination 177
Grundstellung, linke 45
–, normale 45
–, rechte 45
Gürtel 12
Gürtelfarbe 12
Gürtelprüfungen 19

Hadaka-Jime 142, 156, 163
Hajime 17
Handlungsketten 187
Hane-Goshi 82
Hansoku 16
Hara-Gatame 134, 146, 153, 154
Harai-Goshi 82, 121, 179
Harai-Tsuri-Komi-Ashi 93
Hikiwake 16
Hikkomi-Gaeshi 123
Hiza-Guruma 91

Ippon 14
Ippon-Seoi-Nage 73, 108

Jeder gegen jeden 18
Jiu-Jitsu 9
Judo-Bund, Deutscher 14
Juji-Gatame 145, 146, 164, 172
Juji-Jime 155, 165

Kakari-Geiko 186
Kake 50, 64, 103
Kami-Sankaku-Gatame 138
Kami-Shiho-Gatame 143
Kampfanzug 11
Kampfdauer 15 f
Kampfgericht 16
Kampfhandlungen 51, 61
Kampfkommando 17
Kampfregeln 11
Kampfrichter 16
Kannuki-Gatame 146, 152, 154
Kata 181
Kata-Gatame 132
Kata-Ha-Jime 158
Kata-Te-Jime 145, 156, 169
Kawaishi-Eingang 81
Keikoku 16
Kesa-Gatame 130
Kesa-Gatame-Gruppe 129
Kinderkurse 13
Kodokan 10
Koka 15
Kombination 98
Kondition 26
Konter 102, 114, 117
Koshi-Guruma 72, 107, 114, 117, 118
Koshi-Uchi-Mata 82
Ko-Soto-Gake 90
Ko-Soto-Gari 90, 120
K.o.-System, vorgepooltes 18
Ko-Uchi-Barai 92
Ko-Uchi-Gari 72, 78, 88, 98, 111, 119
Kraft 34, 184
Kumi-Kata 47 f
Kuzure 127
Kuzushi 50, 62, 103, 182
Kyu-Grad 19

Lernstufe 178
Leistungssportler 195

Mannschaftswettbewerbe 19
Manöver 190
Mate 17
methodische Reihe 180
Mobilisation 196
Morote-Seoi-Nage 74
Motivation 12

O-Goshi 70
O-Guruma 82
Okuri-Ashi-Barai 93
Okuri-Eri-Jime 138, 156, 163
Osae-Komi 17, 128
Osae-Komi-Toketa 17, 128
O-Soto-Gari 87, 109, 121, 183
O-Uchi-Barai 92
O-Uchi-Gari 72, 89, 92, 98, 112

Pools 18
Prüfungsordnung 20
Psychologie 193
Psychoregulation 196

Randori 181
Regelkunde 14 f
Registrator 16
Relaxation 196
Ryo-Te-Jime 102, 155

Sankaku 132
Sankaku-Jime 158
Sankaku-Technik 138, 174
Sasae-Tsuri-Komi-Ashi 91, 98, 106
Schnelligkeit 33 f, 181, 184

Schulen 13
Shido 16
Selbstbehauptungstraining 197
Sensibilisierung 197
Seoi-Nage 78, 98, 180
Seoi-Otoshi 77
Shiho-Gatame-Gruppe 129
Sore made 17
Soto-Maki-Komi 78
Spezialtechnik 122, 189
Spezialwurf 190
Spezialwurftechnik 98
Strategie 187, 189
Sutemiwaza 94
System, brasilianisches 18
–, modifiziertes brasilianisches 18

Tai-Otoshi 77, 96, 98, 110, 120
Tai-Sabaki 46
Taktik 189
Tandoku-Renshu 181
Tani-Otoshi 118
Tatami 11
Tate-Shiho-Gatame 102, 124, 134, 138, 139, 148, 161, 171, 175
Te-Guruma 116
Tests 41
Toketa 128
Tomoe-Nage 95, 106, 109
Training, autogenes 196
–, psychoregulatives 196
Trainingsmethoden 39f
Trainingsmittel, allgemeine 28
–, spezielle 28
Trainingstagebuch 28
Tsugi-Ashi 46
Tsukuri 50, 64, 103, 182
Tsuri-Goshi 72
Tsuri-Komi-Goshi 74, 98

Übertraining 27
Uchi-Komi 182
Uchi-Mata 78, 82, 84, 85, 98, 116, 190
Uchi-Mata I 98
–, II 98
Ude-Garami 142, 146, 150, 154, 173
Ude-Gatame 101, 138, 146
Uki-Goshi 72, 117
Uki-Waza 97
Ura-Nage 114
Ushiro-Goshi 72, 114
Utsuri-Goshi 115

Vereine 13
Verletzungen 198
Verteidigung 102
Verteidigungspositionen 159f
Videorecordermethode 192
Vorstartzustand 196

Waki-Gatame 100, 134, 145, 146, 152, 154, 167
Waza-Ari 15, 16
Waza-Ari Awazete Ippon 17
Wettkampfbeobachtung 192
Wettkampfvorbereitung, psychologische 195
Wurffamilie 190
Wurftechniken 14, 65ff

Yakusoku-Geiko 185
Yoko-Tomoe-Nage 96
Yoko-Shiho-Gatame 134, 142, 162, 166, 168
Yuko 15
Yusei Gachi 16

Zwischenhandlungen 64